Richard Garbe

Vaitäna Sütra - das Ritual des Atharvaveda

Richard Garbe

Vaitäna Sütra - das Ritual des Atharvaveda

ISBN/EAN: 9783743430020

Hergestellt in Europa, USA, Kanada, Australien, Japan

Cover: Foto ©ninafisch / pixelio.de

Manufactured and distributed by brebook publishing software
(www.brebook.com)

Richard Garbe

Vaitäna Sütra - das Ritual des Atharvaveda

VAITÂNA SÛTRA

DAS RITUAL DES ATHARVAVEDA.

AUS DEM SANSKRIT ÜBERSETZT UND MIT ANMERKUNGEN VERSEHEN

VON

DR. PHIL. RICHARD GARBE,

PRIVATDOCENTEN AN DER UNIVERSITÄT KÖNIGSBERG.

STRASSBURG

VERLAG VON KARL J. TRÜBNER.

LONDON: TRÜBNER & CO.

1878.

Einleitung.

Wenn ich die vorliegende Uebersetzung des soeben von mir herausgegebenen Vaitâna Sûtra als den ersten Versuch ein Çrauta Sûtra aus dem Original zu übertragen veröffentliche, so werde ich hierzu, obwohl ich mir der Mängel vollständig bewusst bin, durch die Hoffnung bewogen trotzdem einen Beitrag für das Verständniss dieses schwierigen rituellen Textes zu liefern. Ich bin verschiedene Male von competentester Seite gefragt, ob es denn wirklich möglich sei bei dem Mangel eines einheimischen Commentars eine Uebersetzung des Sûtra anzufertigen; und in der That ist diese Frage eine vollständig berechtigte. Häufig entzieht es sich dem Blicke, von wem, wo, wann und wozu eine Handlung vollbracht wird; aber auch abgesehen davon fehlt es in diesem Versuche gewiss nicht an offenbaren Irrthümern, für deren schonungslose Aufdeckung ich mich einem jeden verpflichtet fühlen werde. Selbst da bin ich häufig nicht über eine reine Verdeutschung des Textes hinausgelangt, wo dieser vollständig durchsichtig zu sein scheint oder wo die in den Anmerkungen — natürlich ohne Anspruch auf irgend welche Vollständigkeit — verzeichneten Parallelstellen[1]) genügen um den so ausserordentlich abgekürzten Ausdruck des Sûtra für den Zusammenhang zu ergänzen. Es fehlt eben die unmittelbare Anschauung, welche allein geeignet ist auf dieses Gebiet das nöthige Licht zu werfen, und je empfindlicher dieser Mangel bei einer eingehen-

---

[1]) Aus bisher ungedruckten Werken gebe ich den Wortlaut der Parallelstellen. Die A'pastamba Çrauta Sûtra, welche ich aus den Londoner Handschriften, soweit sie dort vorhanden sind (bis zum achtzehnten Praçna) abgeschrieben habe, citire ich als A'p. Çr. und ähnlich die von M. Müller ZDMG. 9. XLIII fgg. übersetzten und commentirten A'pastamba Jagña Paribhâshâ Sûtrâṇi als A'p. Par. Die übrigen Abkürzungen sind die im PW. eingeführten.

deren Beschäftigung mit dem Ritual wird, um so mehr muss ein jeder, der seine Aufmerksamkeit dieser Literatur zuwendet, das auch schon von anderer Seite ausgesprochene Bedauern fühlen, dass M. Haug es unterlassen hat ein anschauliches Bild des ganzen Opferwesens zu entwerfen. Die vereinzelten unzusammenhängenden Bemerkungen in den Noten zu der Uebersetzung des Aitareja Brâhmaṇa sind ja an sich äusserst dankenswerth und haben mich speciell in manchen Fällen geleitet, sind aber doch nicht dazu angethan eine Vorstellung von dem Gesammtceremoniell, von dem Ineinandergreifen der einzelnen Theile, zu erwecken.

Bei dieser Uebersetzung ist eine möglichst grosse Anzahl der rituellen Kunstausdrücke beibehalten, weil ich glaube, dass man um Missverständnissen vorzubeugen hierin eher zu weit gehen kann, als auf der anderen Seite mit einer Uebersetzung derselben; ich erinnere nur an den Unterschied von *ishṭi*, *homa* und *âhuti* (A'p. Par. 87), von *barhis* und *prastara*, von *sruk'* und *sruva* etc. Vollständig liess sich allerdings diese Beibehaltung der Termini des Originals nicht durchführen und ich will demnach für die Verbalwurzeln *jaǵ* und *hu*, über die A'p. Par. 85, 90 und Kâtj. Çr. 1. 2. 6, 7 zu vergleichen ist, sowie für *pra-su* und *pra-ish*, deren ersteres als das anspruchsvollere vom Brahman, das letztere von den andern Priestern gebraucht ist, hiermit auf den thatsächlichen, in der Uebersetzung jedoch verloren gegangenen Unterschied hinweisen; es blieb mir nichts übrig, als die beiden ersten Wurzeln mit 'opfern' oder 'darbringen', die anderen mit 'auffordern' wiederzugeben, da 'befehlen' jedenfalls ein zu starker Ausdruck für *pra-su* gewesen wäre. Dass ich mich im übrigen bemüht habe den Text möglichst wortgetreu — ja häufig auf Kosten des deutschen Ausdrucks — wiederzugeben um die Uebersetzung nicht mit einem Schmucke zu versehen, der dem Original abgeht, das wird man, hoffe ich, billigen, wenn man im Auge behält, dass der Verfasser eines Sûtra nicht eine gewandte gefällige, sondern eine möglichst knappe, nur für Kenner der Ceremonien berechnete Ausdrucksweise anstrebt. Der Erwähnung bedarf es wohl kaum, dass ich mich, wo mir Parallelstellen zu Gebote stehen, auf die Autorität der Commentatoren verlasse, welche auf diesem Gebiete der vedischen Literatur unbedingtes Zutrauen verdienen.

A. Webers Aufsatz 'Zur Kenntniss des vedischen Opferrituals', Ind. Stud. 10 und 13, habe ich in der Regel nicht citirt, weil die Reihenfolge der Ceremonien im wesentlichen übereinstimmt, derselbe also ohne Mühe fortlaufend verglichen werden kann. — Obwohl es Vait. 43. 45. heisst, dass der Jaǵñakrama aus dem Brâhmaṇa bekannt sei, so folgt derselbe im Vaitâna Sûtra dem Gop. Br. 1. 5. 7 vorgeschriebenen nur bis zum Beginn der Somafeste, deren Beschreibung ihrerseits nicht denselben Weg geht als die

Aufzählung der Somasaṃsthâ Gop. Br. 1. 5. 23. Der erste Adhjâja (Cap. 1—4) behandelt ausser einigen Paribhâshâ (1. 1—10), wie üblich das Darçapûrṇamâsaopfer, das als Grundform für alle Ishṭi gilt (Vait. 4. 27, Weber, Ind. Stud. 10. 330); an der Stelle, welche das genannte Opfer in der rituellen Reihenfolge einnimmt, wird es daher nur kurz mit den dasselbe speciell einleitenden Spenden erwähnt:

Cap. 5. 6 Agnjâdheja.
7 Agnihotra.
8. 1, 2 Darçapûrṇamâsa.
3 Punarâdheja.
4—7 A'grajaṇa.
8—23, 9 } K'âturmâsja.
10 Paçu(bandha).
11—24 Agnishṭoma., 25 Atjagnishṭoma, Ukthja, Shoḍaçin, 26 Atirâtra. } G'jotishṭoma.
27. 1—17 Vâǵapeja.
18—30 Aptorjâma.
28. 29 Agni(k'ajana).
30 Sautrâmaṇî.

Cap. 31—34 Die Sattra.
35 Einige Paribhâshâ über die Recitation.
36. 1—13 Râǵasûja.
14—33, 37. 1—9 } Açvamedha.
10—26, 38. 1—9 } Purushamedha.
10—14 Sarvamedha.
39. 40 Die Stotrija an den Ekâha.
41. 42 Die Stotrija an den Ahîna.
43 Schlusskapitel über den Zweck einzelner Opfer.

Es hat mir bei der Anfertigung dieser Uebersetzung nicht an freundlicher Berathung gefehlt. Vor allem war es mein hochverehrter Lehrer, Herr Prof. Roth, der mir, wenn ich glaubte seines Beistandes zu bedürfen, denselben bereitwilligst gewährt hat; auch Herr Prof. M. Müller hatte die Güte sich einer Durchsicht der dreizehn ersten Capitel zu unterziehen und mir einige treffliche Bemerkungen mitzutheilen, welche ihre Verwerthung gefunden haben. Ich erlaube mir hierfür meinen wärmsten Dank auszusprechen, sowie die Arbeit einer durch die Schwierigkeit des Gegenstandes gerechtfertigten Nachsicht bei der Beurtheilung zu empfehlen.

Juli 1878. Richard Garbe.

BUCH I.

Capitel 1.

1. Der Brahman, welcher ein Kenner des Brahmaveda sejn muss, setzt sich bei einer mit den drei vertheilten Feuern vorzunehmenden Opferhandlung südlich (vom A'havanîjafeuer) vorschriftsgemäss nieder und zwar stillschweigend.
2. Die vorgeschriebenen Homaspenden begleitet er mit Mantra.
3. Wenn kein (besonderes) Mantra vorgeschrieben ist, so thut er dies nach Bhâgali mit einem (beliebigen), welches ein Characteristicum (der betreffenden Gottheit) enthält; nach Juvan Kauçika mit dem Verse: „Praǵâpati, kein anderer als du ..." (AV. 7. 80. 3); nach Mâṭhara (einfach) mit einem Mantra, das dieselbe Gottheit hat, (an welche der Homa gerichtet ist); nach meinem Lehrer mit der Formel: „Om, bhûs, bhuvas, svar, ǵanad om!"

---

1) Çat. Br. 1. 7. 4. 18. Kâtj. Çr. 1. 8. 27; 2. 2. 1, 2. A'p. Çr. 1. 15: *dakshiṇenâ 'havanîjaṃ brahmajajamânajor âsane prakalpajati, pûrvaṃ brahmaṇo 'paraṃ jajamânasja.* 'Mit dem Worte *vitâna* wird die Gesammtheit der Çrautahandlungen, Agnihotra usw., bezeichnet, bei denen die Feuer vertheilt (*vitatâs*) sind' Comm. zu A'çv. Çr. 1. 1. 1. — Kauç. 94: *tatra râjâ bhûmipatir vidvâṃsam brahmâṇam ik'k'hed, esha ha vai vidvân jad bhṛgvaṅgirovit.* 137: *ṛshîṇâṃ prastaro 'si 'ti dakshiṇato 'gner brahmâsanaṃ nidadhâti.*
3) A'çv. Gṛhj. 1. 3. 8. Ich verdanke diese Deutung von *âk'ârjâs* einer geistreichen Vermuthung G. Bühlers, der in dem Plural eine Respectsäusserung sieht; der Ausdruck findet sich, ausser Vait. 5. 13; 7, 16, noch Kâtj. Çr. 1.3.7, hier nach dem Comm. = *sarve 'pi munajas*, eine Erklärung, welche von M. Müller in der Note zum 44ten Sùtra der A'p. Par.: 'alle Autoritäten der Vâg'asanejins' adoptirt ist.

4. Einige fügen die Mantra der Haupthoma bei den Einleitungs- und Schlusshoma ein.

5. (Ferner) weist (der Brahman) den Jaǵamâna, welcher durch einen Kenner der Bhrgu-Aṅgiraslieder eingeweiht sein muss, an, wann und was er zu reden hat.

6. Das Feuer (im ausgezeichneten Sinne) ist das A'havanîjafeuer, (dh. wenn in diesem Buche einfach von dem Feuer die Rede ist, so ist das A'havanîja darunter zu verstehen).

7. Auf denselben Raum, wie der Brahman, ist der Jaǵamâna angewiesen und hat, wie dieser, Stillschweigen zn beobachten.

8. Die Quelle für Gottheiten, Opfergabe und -lohn ist der Jaǵurveda.

9. Nach Norden hin gehen die Handlungen des A'gnîdhra vor sich, welcher den Sphja (ein schwertförmiges Holzstück) und den Saṃmârgabüschel in der Hand hält und mit dem Gesicht nach Süden gewendet dasteht.

10. In entsprechendem Tone ist '*astu çraushaṭ!*' der Antwortsruf (auf den Anruf des Adhvarju).

11. (Für das Darçapûrṇamâsaopfer, dessen Beschreibung nun beginnt) isst der Jaǵamâna am Tage vor dem Neumondstage die Vorfastenspeise, und zwar am Nachmittag.

---

4) Diese *purastâddhoma* und *saṃsthitahoma* sind ganz speciell dem Atharvaritual eigenthümlich, das jedoch über deren eigentliches Wesen keinen genügenden Aufschluss giebt. Gop. Br. 2. 1. 17. Kauç. 3: *purastâddhoma âǵjabhâgaḥ, saṃsthitahomaḥ samṛddhiḥ çântânâm itj etâv âǵjabhâgau.*

5) 'Für die drei anderen Veden gilt ein und dasselbe *upanajana*, für den Atharvan ist ein besonderes erforderlich' A'past. Dh. ed. Bühler 1. 1. 9.

6) In dieser prägnanten Bedeutung ist *agni* im Gegensatz zu *aparâgni* gebraucht Vait. 1. 19; 4. 10 (das Citat beim Schol. zu Kâtj. Çr. 3. 7. 19 auch in der Weise commentirt); 4. 18; 7. 20.

9) cf. Çat. Br. 3. 4. 3. 19. Kâtj. Çr. 1. 8. 26. Wegen *sphja* s. M. Müller ZDMG. 9. XXXVI, Anm. 1 und die Abbildung pag. LXXIX. Haug, Ait. Br. Introd. 14 Anm. 8.

10) A'çv. Çr. 1. 4. 12, 13. — §§ 9. 10 citirt im Comm. zu Kâtj. Çr. 3. 2. 6.

11) *upavatsjadbhakta* wörtlich 'die Speise des fasten werdenden' dh. 'die Speise des Tages, welcher dem Fasten voraufgeht', nach Kauç. 1: *madhulavaṇamâṃsamâsharvarǵam* (wobei Honig, Salz, Fleisch und Bohnen ausgeschlossen sind). Nach Kâtj. Çr. 2. 1. 10 heisst die Speise vratopâjanîja. — Zu §§ 11. 14—16. A'p. Par. 63—68.

12. Er legt in das A'havanîja-, Gârhapatja- und Dakshiṇâfeuer mit dem Verse: „Mir, o Agni, werde Glanz zu Theil . . .“ (AV. 5. 3. 1) Brennholz an, (in jedes) einen (gleichen) Theil.

13. Die Observanz tritt er an mit dem Verse: „Nach der Satzung, du Herr der Satzungen...“ (AV. 7. 74. 4); dh. Fasten usw.

14. Durch die vier Verse: „Mir, o Agni, werde Glanz zu Theil...“ (AV. 5. 3. 1—4) macht er sich die Götter geneigt, durch das Lied: „O Sinîvâlî mit den breiten Flechten...“ (AV. 7. 46, speciell) die in dem Mantra genannte (Genie des Neumondstages Sinîvâlî).

15. Am Vollmondstage (tritt dafür) das Lied: „Heute möge uns...“ (AV. 7. 20, ein).

16. Nachdem er früh das Agnihotra geopfert, recitirt er am Neumondstage die Lieder: Die Göttin Kuhû . . .“ (AV. 7. 47) und „Welchen Antheil dir die Götter...“ (AV. 7. 79); am Vollmondstage die Lieder: „Die Râkâ rufe ich . . .“ (AV. 7. 48) und „Voll auf der Rückseite . . .“ (AV. 7. 80).

17. In der folgenden Weise wählt er den Brahman, nämlich mit den Worten: „O Herr der Wesen, Herr der Welt, Herr der Welträume, Herr der grossen Schöpfung, dich erwählen wir zum Brahman.“

18. Der Gewählte spricht leise: „Ich bin der Herr der Wesen, der Herr der Welt, der Herr der Welträume, der Herr der grossen Schöpfung; darum verkünde ich: dem Geiste (entspricht) der Geist, der Stimme die Stimme, der Gâjatrî die Gâjatrî, der Ushṇih die Ushṇih, der Anushṭubh die Anushṭubh, der Bṛhatî die Bṛhatî, der Paṅkti die Paṅkti, der Trishṭubh die Trishṭubh, der Ǵagatî die Ǵagatî, dem Praǵâpati

---

12) Kâtj. Çr. 2. 1. 2—7.

13) Kâtj. Çr. 2. 1. 11—17. Zu §§ 12. 13 Kauç. 1: *agne vark'a iti samidha â-dhâja vratam upaiti vratena tvaṃ vratapata iti vâ.* 73: *vrâtapataṃ hâva-jed annam agnau | bhûjo dattvâ svajam alpaṃ k'a bhuktvâ | 'parâhṇe vratam upaiti jâǵñikam | anuçanaṃ brahmak'arjaṃ k'a, bhûmau | çuk'ir agnim upaçete sugandhiḥ.*

14) Der Ausdruck *devatâḥ parigṛhîtâs* steht auch Ait. Br. 1. 3 im Anschluss an die symbolische Darstellung von Zeugung und Geburt, deren Beschützerin die Sinîvâlî ist. Vgl. ferner, ausser den im PW. unter *pari-grabh* 7. verzeichneten Stellen, Gop. Br. 2. 2. 24.

16) Kauç. 5: *pûrṇâ paçk'âd iti paurṇamâsjâṃ, jat te devâ akṛṇvan bhâga-dhejam itj amâvâsjâjâm.*

17) Kâtj. Çr. 2. 1. 18.

18) Kâtj. Çr. 2. 1. 19. A'çv. Çr. 1. 4. 9.

Praǵâpati, allen Göttern 'Om, bhûs, bhuvas, svar, ǵanad om';" ausserdem (recitirt er leise) das Apratirathalied (RV. 10. 103).

19. (Es folgt die Handlung, *karma*), zu deren Anfang er sich den Mund mit dem Ǵîvâwasser ausspült und welche er damit endet, dass er sich vorwärts begiebt.

20. Nördlich vom (A'havanîja)feuer und südlich von den beiden andern macht er sich auf, schaut auf seinen Platz und spricht dann: „*ahe daidhishavja* usw., bis er schliesslich Himmel und Erde anblickt.

Capitel 2.

1. Wenn er (den Adhvarju fragen) hört: „O Brahman, darf ich das Wasser herbeibringen?" so giebt er dazu mit den Worten: „Bringe das Opfer herbei, erfreue du die Götter. Auf der Höhe des Himmelsgewölbes, in der himmlischen Welt möge der Opferer sein; wo die Welt der sieben frommen Ṛshi ist, dahin bringe dieses Opfer und den Opferer. Om, bhûs, bhuvas, svar, ǵanad om! Bringe es herbei!" in dem richtigen Ton die Erlaubniss. — Es ist nämlich das Wort, mit dem die Erlaubniss ertheilt wird, (sc. *praṇaja*) zu Anfang und zu Ende erforderlich.

2. Wenn das Praṇîtâwasser herbeigebracht wird, so hält er die Stimme an bis zum Ausrufen des Havishkṛtspruches.

3. Beginnt er dann wieder zu reden, so spreche er leise einen Vers an Vishṇu.

---

19) Verweisung auf Kauç. 3: *ǵîvâbhir âk'amjo 'potthâja vedaprapradbhiḥ prapadjata oṃ prapadje bhûḥ prapadje bhuvaḥ prapadje svaḥ prapadje ǵanat prapadja iti.*

20) Ebendas. weiter: *prapadja paçk'âtstîrṇasja darbhân âstîrjâ 'he daidhishavjo 'd atas tishṭhâ 'njasja sadane sîda jo 'smat pâkatara iti brahmâsanam anvîkskate.* Ebenso noch von *ahe* an Kauç. 137. Cf. Kâtj. Çr. 2. 1. 21—24. TS. 3. 2. 4. 4.

1) Kâtj. Çr. 2. 2. 8. A'çv. Çr. 1. 12. 12. A'p. Çr. 1. 16: *brahmann apaḥ praṇeshjâmi jaǵamâna vâk'aṃ jak'k'he 'ti saṃpreshjati.* — Der Schluss des § '*evam* etc.' ist vielleicht nur eine spätere Glosse.

2) S. PW. s. *havishkṛt* 2), ausserdem noch Gop. Br. 2. 1. 1 und Kauç. 2: *trir havishkṛtâ vâk'aṃ visṛǵati.* Nach A'p. Çr. 1. 19 ist als Havishkṛtspruch *havishkṛd ehi* für einen Brâhmaṇa, *hav° âgahi* für einen Râǵanja, *hav° âdrava* für einen Vaiçja, *hav° âdhâva* für einen Çûdra (!) zu rufen, eine Unterscheidung, welche, so viel ich weiss, in keinem anderen Ritualbuch gemacht ist.

3) Kâtj. Çr. 2. 2. 6, 7. Hiernach gilt das Gleiche für den Adhvarju. Lâtj. Çr. 4. 11. 6.

4. Nachdem (der Adhvarju) den Anvâhârjabrei aufs Feuer gesetzt, fegt der A'gnîdhra die Vedi rings herum ab, legt (das Abgefegte, sc. Gras, Schutt usw.) an dem Platze des Utkara nieder und macht dann, wenn nach dem Stambajaǵusspruch die zweite Schuttladung niedergeworfen ist, (den Utkara) mit den Worten: „O Araru, nicht fliege du zum Himmel!" (VS. 1. 26e.) fest.

5. Mit dem Spruche: „O Bṛhaspati umfasse . . ." (Citat unbekannt) begleitet (der Brahman) das Einfassen der Vedi (von Seiten des Adhvarju).

6. Mit dem Verse: „Die du Gunst erhoffst . . ." (AV. 14. 1. 42) das Fesseln der Gattin (des Jaǵamâna durch den A'gnîdhra).

7. Während (von dem A'gnîdhra) mit dem Verse: „Butter gehört dir, o Agni. . ." (AV. 7. 82. 6) geschmolzene Butter ausgeschöpft wird, (begleitet der Brahman) mit den Worten: „Umstreue das Feuer" den die Vedi umstreuenden (Adhvarju).

8. Mit dem Verse: „Auf welcher Bäume . . ."(AV. 12. 1. 27) das Niederlegen der Paridhihölzer.

9. Mit dem Verse: „Der Ṛshi Prastara bist du..." (AV. 16. 2. 6, das Hinbreiten) des Prastara.

10. Wenn die Opfergaben hingesetzt sind, so opfert (der Adhvarju) die vorgeschriebenen Einleitungshoma — bei Behexungen die hierauf bezüglichen — und in der gleichen Weise die Schlusshoma.

11. (Das Entzünden des Feuers) begleitet (der Hotar) mit den Sâmidhenîversen: „des Agni, mein' ich..." (AV. 4. 23. 1 fgg.).

12. Mit dem Verse: „Praǵâpati, kein anderer als du..."(AV. 7. 80. 3, voll-

---

4) Das Anvâhârja wird im Dakshiṇâfeuer aufgesetzt. Kâtj. Çr. 2. 5. 27; für das folgende vgl. Kâtj. Çr. 2. 6. 12, 14, 21, 22.

5) Kâtj. Çr. 2. 2. 12. A'p. Çr. 2. 3: *sphjena vediṃ parigṛhṇâti.* Kauç. 137, woselbst auch der Vers vollständig steht wie bei Kâtj. Çr. aaO.: *bṛhaspate — — astv iti pratigṛhṇâti;* weiter unten: *bṛhaspate parigṛhâṇa vedim itj uttaravedim opjo 'pjamânâṃ parigṛhṇâti.*

6) Kâtj. Çr. 2. 7. 1. Kauç. 76: *âçâsânâ, saṃ tvâ nahjâmi 'tj ubhajataḥ — pâçena joktreṇa saṃnahjati..*

7) Kâtj. Çr. 2. 7. 5, 6 Schol. 2. 3. 6.

8) Kâtj. Çr. 2. 8. 1.

9) Kâtj. Çr. 2. 8. 10.

11) Kâtj. Çr. 3. 1. 1 fgg. A'çv. Çr. 1. 2. 1, 2. A'p. Çr. 2. 12: *agnaje samidhjamânâjâ 'nubrûhi 'ti sampreshjati samidhjamânâjâ 'nubrûhî 'ti vâ, sâmidhenîr anvâha.*

12) Kâtj. Çr. 1. 8. 41, 42; 3. 1. 12. A'p. Par. 45.

zieht der Adhvarju) die (erste) Pragâpati geweihte Fetttraufelung (in das A'havanîjafeuer).

13. Wenn der A'gnîdhra (von dem Adhvarju) die Aufforderung erhält: „Agnîdh, reinige die Paridhihölzer und das (A'havanîja)feuer je dreimal!" so steckt dieser den Sphja und das Feuer (dh. den brennenden Sphja) in den Saṃmârgabüschel, reinigt die Paridhihölzer, das mittlere, südliche und nördliche jedes dreimal mit dem Spruche: „Agni, Beutegewinner, dich, der du den Wettlauf anstellen willst, den Beutegewinner reinige ich" (VS. 2. 7.) und facht dann das ihm zugewendete (A'havanîjafeuer) mit dem Saṃmârgabüschel an, indem er sagt: „Agni, dich, der du Beute ersiegen und gewinnen willst, reinige ich; ersiege Beute!"

14. Mit dem Verse: „O Indra, diesen..." (AV. 6. 5. 2, vollzieht der Adhvarju die zweite) Indra geweihte Fetttraufelung (in das A'havanîjafeuer).

15. Wenn die Einladung (*pravara*, an Agni) ergeht, so heisst (der Brahman den Jaǵamâna) die drei Verse: „Ihr Götter, Väter..." (AV. 6. 123. 3—5) zu sprechen.

16. Mit dem Verse: „Sommer, Winter..." (AV. 6. 55. 2, bringt der Adhvarju) die Prajâǵaspenden (dar).

17. Mit dem Verse: „Ich habe geschaffen..." (AV. 6. 61. 3) zwei Butterportionen (an Agni und Soma).

Capitel 3.

1. Mit dem Verse: „Unter welchem Andachtsliede dem Indra..." (AV. 1. 9. 3, bringt der Adhvarju) ein Spende an Agni (dar).

2. Mit dem Verse: „Nicht unsern Wunsch noch unsere Rede..." (AV. 5. 7. 6.) eine an Indra-Agni.

---

13) Kâtj. Çr. 3. 1. 12, 13. A'p. Çr. 2. 12, 13: *vedenâ 'gniṃ trir upavâǵja — — agnît paridhîṃç k'â 'gniṃ k'a tristriḥ saṃmṛḍḍhî 'ti saṃpreshjati | idhmasannahanaiḥ sahasphjair ṛtesphjair vâ 'gnîdhro 'nuparikrâmaṃ paridhîn jathâparidhitam anvagraṃ tristriḥ saṃmṛǵjâ 'gne vâǵajid vâǵaṃ tvâ sarishjantaṃ vâǵaṃ ǵeshjantaṃ vâǵinaṃ vâǵajitaṃ vâǵajitjâjai saṃmârǵmj agnim annâdam annâdjâje 'ti trir agniṃ prâñk'am.*

14) Kâtj. Çr. 1. 8. 41, 42; 3. 2. 1.

15) In wörtlicher Uebereinstimmung mit Gop. Br. 1. 5. 21. Cf. Kâtj. Çr. 3. 2. 7. fgg.

16) Kâtj. Çr. 3. 2. 17.

17) Kâtj. Çr. 3. 3. 10.

3. Von der Sâṃnâjjamischung eine an Indra oder Mahendra mit den Versen: „O Indra, diesen…“ (AV. 6. 5. 2) und „Du bist Indra, du Mahendra…“ (AV. 17. 1. 18).

4. Am Vollmondstage zwischen den beiden Spenden an Agni und Agni-Soma eine unhörbare Darbringung an Agni-Soma mit dem Verse: „Ihm erhaltet die Herrschaft…“ (AV. 6. 54. 2); am Neumondstage jedoch nur bei ausdrücklicher Vorschrift.

5. Mit dem Verse: „Auf der Götter Pfade… (AV. 19. 59. 3) eine Spende an (Agni) Svishṭakṛt.

6. Nach der Darbringung dieser letztgenannten Spende hält (der Brahman) die Stimme an, bis er die Erlaubniss zur Anstellung der Anujâǵaopfer zu geben hat.

7. Die Prâçitraspeise, welche von der Grösse eines Gerstenkorns und unten oder oben (mit Butter) besprengt ist, trägt der Adhvarju vorn herum (und reicht sie dem Brahman).

8. Der Letztere schaut dieselbe an mit den Worten: „Mit dem Auge der Sonne schaue ich dich an.“

9. Und nimmt sie, indem er spricht: „Auf das Geheiss des Gottes Savitar nehme ich dich mit den Armen der Açvin, den Händen Pûshans, aufgefordert durch Befehl“ (cf. AV. 19. 51. 2).

10. Darauf schiebt er die Grashalme auseinander und legt sie auf den Erdboden mit der Spitze nach Osten gerichtet und spricht: „Auf den Schooss der Erde lege ich dich.“

---

3) Kâtj. Çr. 4. 2. 10. A'p. Çr. 4. 9: *indrasjai 'ndraṃ sâṃnâjjaṃ, mahendrasje 'ti mâhendram.* Çâṅkh. Çr. 1. 3. 16, 17: *aindraṃ sâṃnâjjaṃ saṃnajatu, mâhendraṃ vâ.* Zu §§ 2, 3 Çâṅkh. Çr. 1. 8: *indrâgni avasâ, prak'arshaṇibhja itj aindrâgnasja; endra sânasiṃ, pra sasâhisha iti sâṃnâjjasja; mahâ̆ indro ja ojasâ, mahâ̆ indro nṛvad iti mâhendrasja; indraṃ vo viçvato, mâdajasva haribhir iti 'ndrasjâ 'pratinidheḥ.*

4) Kâtj. Çr. 3. 3. 24. vgl. Çat. Br. 1. 6. 3. 23.

5) Kâtj. Çr. 3. 3. 26.

6) Kâtj. Çr. 2. 2. 2.

7) 'vorn' (*agreṇa*) dh. auf dem Adhvarjuplatz westlich von den Paridhihölzern oder (nach anderen) östlich vom A'havanîjafeuer. Kâtj. Çr. 3. 4. 6. Cf. Gop. Br. 2. 1. 4.

8) Kâtj. Çr. 2. 2. 15. Lâṭj. Çr. 4. 11. 10.

9) Kâtj. Çr. 2. 2. 16. Lâṭj. Çr. 4. 11. 11.

10) Wörtlich wie Gop. Br. 2. 1. 2 und in Uebereinstimmung mit der von Weber, Ind Stud. 2, 307 mitgetheilten Stelle des Kaushîtaki Br.; vgl.

11. Mit den Worten: „Durch Agnis Mund (esse ich) dich (VS. 2. 11d); Seele bist du, o Seele, nicht mögest du meine Seele verletzen; Svâhâ!" nimmt er (die Prâçitraspeise) zwischen Ringfinger und Daumen und isst sie ohne sie mit den Zähnen zu berühren.

12. Wenn er sie gegessen hat, so spricht er ihr nach: „In dem Feuer, dem männerfreundlichen, das in die Brâhmaṇa eingegangen, möge dies mein Prâçitra wohl geopfert sein; es verletze mich nicht im höchsten Himmel."

13. Nachdem er die Gefässe mit Wasser hat reinigen lassen, berührt er Nase, Mund, Augen und Ohren (*prâṇân*).

14. Und mit den Worten: „Stimme möge mir im Munde, in der Nase Hauch, Sehkraft in den Augen, Gehör in den Ohren, in den Armen Kraft, in

---

ferner Kâtj. Çr. 2. 2. 17. Lâṭj. Çr. 4. 11. 12. Was die Prâçitrasage betrifft, s. noch ausser den beiden genannten Brâhmaṇastellen Çat. Br. 1. 7. 4. 5—17.

11) Gop. Br. 2. 1. 2, 3. Kâtj. Çr. 2. 2. 18. Lâṭj. Çr. 4. 11. 13.

12) Wörtlich wie Gop. Br. 2. 1. 3. Zu §§ 8—12 Kauç. 91: — *tat sûrjasja tvâ k'akshushâ pratîksha iti pratîkshate, 'juto 'haṃ, devasja tvâ savitur iti pratigṛhja puromukhaṃ prâgdaṇḍaṃ nidadhâti, pṛthivjâs tvâ nâbhau sâdajâmj aditjâ upastha iti bhûmau pratishṭhâpja dvâbhjâm aṅgulibhjâṃ pradakshiṇam âk'âljâ 'nâmikajâ 'ṅguljâṅgushṭhena k'a saṃgṛhja prâçnâtj oṃ bhûs, tat savitur vareṇjaṃ, bhûḥ svâhe 'ti prathamaṃ, bhargo devasja dhîmahi, bhuvaḥ svâhe 'ti dvitijam* etc. 55: *atha prâçnâtj agnesh ṭvâ 'sjena prâçnâmi, bṛhaspater mukhena, indrasja tvâ ǵaṭhare sâdajâmi, varuṇasjo 'dare, tad jathâ hutam ishṭaṃ prâçnîjâd deva tvâ prâçnâmj, âtmâ 'sj âtmann, âtmânaṃ me mâ hiṃsîr iti, prâçitam anumantrajate jo 'gnir nṛmaṇâ nâma brâhmaṇeshu pravishṭas, tasmin ma etat suhuto 'stv odanaḥ, sa mâ mâ hiṃsît parame vjoman, so asmabhjam astu parame vjomann iti.*

13) Gop. Br. 2. 1. 3. Çâṅkh. Çr. 2. 17: *prâṇân saṃmṛçatj ehi me prâṇân ârohe 'ti.*

14) Kâtj. Çr. 2. 2. 20. Zu §§ 8—14 Çâṅkh. Çr. 4. 7: *mitrasja tvâ k'akshushâ pratîksha iti prâçitraṃ pratîkshja, devasja tvâ savituḥ prasave 'çvinor bâhubhjâṃ pûshṇo hastâbhjâṃ pratigṛhṇâmî 'ti pratigṛhja, pṛthivjâs tvâ nâbhau sâdajâmj aditjâ upastha iti prâgdaṇḍaṃ sthaṇḍile nidhâjo, 'pakanishṭhikajâ 'ṅgushṭhena k'a prâçitraṃ gṛhîtvâ, 'gnesh ṭvâ, 'sjena prâçnâmî 'ti prâçjâ 'saṅkhâdaṃ, çântir asî 'ti âk'amja prâṇân saṃmṛçati, prâṇapâ asi prâṇaṃ me pâhî 'ti nâsike mukhaṃ k'a, k'akshushpâ asi k'akshur me pâhî 'ti k'akshushî, çrotrapâ asi çrotraṃ me pâhi 'ti çrotre, indrasja tvâ ǵaṭhare sâdajâmî 'ti nâbhim.*

den Schenkeln Stärke, in den Waden Behendigkeit, in den Füssen Stütze; unverletzt mögen alle meine Glieder sein und mein Leib mit dem Leibe vereint (dh. unbeschädigt)" seinen Nabel.

15. Mit dem Verse: „Labung möge uns..." (AV. 7. 27. 1) begleitet er die dazu geopferte Iḍâlibation.

16. (Darauf) isst der A'gnîdhra seine sechstheilige Portion mit den Worten: „Durch den Erhalter der Erde esse ich dich, (durch den Erhalter) des Luftraums dich, (durch den Erhalter) des Himmels dich.

17. Mit dem Verse: „Dich hat der Gott..." (AV. 7. 110. 3) nehmen (die übrigen Priester) ihre Iḍâportion entgegen und geniessen sie, indem sie dazu sprechen: „Indra, mit Liedern..." (Citat unbekannt).

18. Mit den drei Versen: „Die himmlischen Wasser..." (AV. 7. 89. 1—3) säubern sie sich in dem Reinigungsgefässe.

19. Der Jaǵamâna (legt nun) den (als Opferlohn bestimmten) Anvâhârjabrei auf die Vedi.

20. Dazu spricht er: „Des Praǵâpati Antheil bist du, labe- und saftreich; unvergänglich bist du, der Unvergänglichkeit (übergeben wir) dich, nicht mögest du mir vergehen. Dort in jener Welt und hier (auf Erden) schütze mein Ein- und Ausathmen, schütze meinen Hauch und Odem, schütze mein Aufathmen und meine Gestalt. Labung bist du, Labung schaffe mir! Nicht mögest du abnehmen für meinen thätigen (Priester), nicht geringer werden für mich, den gebenden (Opferherren). Den Praǵâpati wünsche ich sichtbarlich mit dir zu beglücken" und giebt darauf den Priestern den Opferlohn.

21. Diese sprechen beim Empfange (desselben) den Vers: „Wer gab dies..." (AV. 3. 29. 7); so ist die Vorschrift.

22. (Darauf) wird der A'gnîdhra aufgefordert.

Capitel 4.

1. Dieser (der A'gnîdhra) legt mit dem das Wort 'Brennholz' (*samidh*) ent-

---

16) Kâtj. Çr. 3. 4. 19, 20. A'p. Çr. 3. 3: *pṛthivjâ bhâgo 'si 'ti hotâ bhakshajatj, antarikshasja bhâgo 'si 'tj adhvarjur, divo bhâgo 'sîti brahmâ.*

17) Kâtj. Çr. 3. 4. 22, 23.

18) Gop. Br. 2. 1. 25. Kâtj. Çr. 3. 4. 24.

19) Kâtj. Çr. 3. 4. 30.

20) Wörtlich wie Gop. Br. 2. 1. 7. vgl. Kâtj. Çr. 3. 4. 30. Lâṭj. Çr. 4. 11. 21. A'p. Çr. 4. 10: *bradhna pinvasva, dadato me mâ kshâji, kurvato me mo 'padasat.* Çâṅkh. Çr. 4. 9: *praǵâpater bhâgo 'sj ûrǵasvân pajasvân, akshitir asi, mâ me kshesh̥ṭhâ 'mutrâ 'mushmiṅl!oka iha k'e 'tj anvâhârjam abhimṛçja — —.*

haltenden Verse: „Zündstoff bist du…" (AV. 7. 89. 4) Brennholz an, reinigt die Paridhihölzer, jedes einmal und spricht dazu den Vers: „Agni, Beutegewinner, dich, der du den Wettlauf angestellt, den Beutegewinner reinige ich" (VS. 2. 14b).

2. Ebenso (reinigt er) das östliche (i. e. A'havanîja)feuer mit den Worten: „Dich, o Agni, der du Beute ersiegt und gewonnen hast, reinige ich; du ersiegtest Beute!'

3. Mit dem Verse: „Bṛhaspati möge sich gefallen lassen Andacht, Feuerschein und Opferbutter, unverletzt dies Opfer vollziehen und uns hold sein; alle Götter sollen sich hier erfreuen" (cf. VS. 2. 13, bringt der Adhvarju) die Anujâǵaspenden (dar).

4. Den Vers: „Ihr Götter, die ihr im Himmel seid…" (AV. 1. 30. 3) verwendet er als Nachruf des Vashaṭrufes.

5. Mit dem Verse: „Verjage, o Kâma…" (AV. 9. 2. 4) begleitet er das Auseinanderschieben der beiden Opferlöffel.

6. Mit dem Verse: „Besalbt das Barhis…" (AV. 7. 98. 1) das Hineinwerfen des Prastara (in das A'havanîjafeuer).

7. Mit dem Verse: „Der Rest ist euer…" (TS. 1. 1. 13. 2, opfert er) den (in den beiden Opferlöffeln befindlichen) Rest.

8. (Darauf) mit den Versen: „Nicht brannte die Sonnenglut…" (AV. 7. 18. 2), „Mit Glanz begabt…" (AV. 6. 53. 3), „Der Götter Frauen…" (AV.

---

1) Kâtj. Çr. 3. 5. 4. Zu §§ 1. 2 A'p. Çr. 3. 4: *samidham âdhâjâ 'gnît paridhîṃç k'â 'gniṃ k'a sakṛtsakṛt saṃmṛḍḍhî 'ti saṃpreshjatj, anuǵñâto brahmaṇâ 'gnîdhraḥ samidham âdadhâtj eshâ te agne samit, tajâ vardhasva k'â k'a pjâjasva vardhatâṃ k'a te jaǵñapatir â k'a pjâjatâṃ, vardhishîmahi k'a vajam â k'a pjâjishîmahi svâhe 'ti pûrvavat paridhîn sakṛtsakṛt saṃmṛǵjâ 'gne vâǵajid vâǵaṃ tvâ sasṛvâṃsaṃ vâǵaṃ ǵigivâṃsaṃ vâǵinaṃ vâǵaǵitaṃ vâǵaǵitjâjai saṃmârǵmj agnim annâdam annâdjâje 'ti sakṛd agniṃ prâñk'am.*

3) Kâtj. Çr. 3. 5. 5 fgg. Nach A'p. Çr. 5. 27: *mano ǵjotir ǵushatâm iti bṛhaspativatja rk'o 'patishṭhate* wird der Vers bei der Vorbereitung zum Agnihotra verwendet.

4) PW. s. *vashaṭ*.

5) *vj-ûh* bei Kâtj. Çr. 3. 5. 17. *vipra-nud* im PW. unbelegt.

6) Kâtj. Çr. 3. 5. 24; 6. 8.

7) Kâtj. Çr. 3. 6. 18.

8) Die Verse sind der Reihe nach an Soma, Tvashṭar, die Götterfrauen und Agni Gṛhapati, dh. an die Gottheiten der Patnîsaṃjâǵa gerichtet. Cf. Kâtj. Çr. 3. 7. 10.

9. 7. 6), „Der gute Hausherr…“ (AV. 12. 2. 45 cd) die (vier) Patnîsaṃjâǵaspenden.

9. (Schliesslich) die Homa (an Agni und Sarasvatî) im Dakshiṇâfeuer, bei deren drittem der Vers: „Mörser und Stösser…“ (AV. 10. 9. 26) erforderlich ist.

10. Der A'gnîdhra wirft den Saṃmârgabüschel in das (A'havanîja)feuer mit dem Verse: „Der im Feuer…“ (AV. 7. 87. 1).

11. Er begleitet mit den Versen: „Ich löse dir…“ (AV. 7. 78. 1), „Ich mache frei…“ (AV.14.1.57), „Ich löse dich…“ (AV. 14. 1. 19.) das Losbinden des Strickes von der Gattin des Jaǵamâna.

12. Mit dem Verse: „Der Vedabüschel diene zum Heil…“ (AV. 7. 28. 1) löst (der Hotar) den Vedabüschel auf.

13. (Der Adhvarju bringt) mit den sechs Versen: „Die du herführtest…“ (AV. 7. 97. 3—8) die Schlusshoma (dar); [„O Herr des Geistes…“ ist der letzte dieser Verse.]

14. Das Ausgiessen des (vorher herbeigebrachten) Praṇîtâwassers begleitet er mit dem Liede: „Die dahinfliessenden…“ (AV. 6. 23).

15. Mit dem Verse: „Denen die Prajâǵaspenden gehören…“ (AV. 1. 30. 4) fordert er sich von dem Jaǵamâna (seine Portion).

16. Isst dieselbe mit dem Liede: „Welche Speise…“ (AV. 6. 7) und spricht darauf: „O Gott Savitar, dies that er dir kund, das treibe vorwärts und opfere es! Bṛhaspati ist der Brahman (TS. 3. 2. 7. 1); als solcher schütze das Opfer, schütze den Opferherren, als solcher schütze mich, als solcher schütze mich den dienstbeflissenen.“

17. Darauf benetzt sich der Jaǵamâna in der Wasserschale mit dem Verse: „Mit Glanz begabt…“ (AV. 6. 53. 3) seine beiden an einander gelegten Hände und streicht sich mit denselben über das Gesicht.

18. (Es folgt die Handlung, *karma*), welche er mit den zwischen den beiden

---

9) Kâtj. Çr. 3. 7. 18, 19; die dritte Spende heisst daselbst *pishṭalepa*.

10) Citirt beim Schol. zu Kâtj. Çr. 3. 7. 19.

11) Vait. 2. 6. Kâtj. Çr. 3. 8. 1 fgg. Kauç. 76: *ahaṃ vishjâmi pra trâ muńk'âmî 'ti joktraṃ vik'ṛtati.*

12) Kâtj. Çr. 3. 8. 3 Schol.

13) Kâtj. Çr. 3. 8. 4. — Der Schluss dieses § ist offenbar eine spätere Hinzufügung, wahrscheinlich nach Kauç. 6: *jad adja trâ prajati* (AV. 7. 97. 1) *'ti saṃsthitahomâ, manasaspata itj uttamaṃ k'aturgṛhîtena.*

14) Kâtj. Çr. 3. 8. 6.

16) Gop. Br. 2. 1. 4.

17) Kâtj. Çr. 3. 8. 9, 10.

18) Kâtj. Çr. 3. 8. 11, 20.

hinteren Feuern hindurch südlich um das A'havanîjafeuer herum zu machenden Vishṇuschritten beginnt und welche er damit endet, dass er (auf seine Portion, die Erde, nach Osten, auf das A'havanîjafeuer und die Sonne) hinblickt.

19. Mit dem Verse: „O Agni, Hausherr..." (VS. 2. 27) tritt er an das Gârhapatjafeuer.

20. Mit dem Verse: „Unter dessen weiten..." (AV. 7. 26. 3) schreitet er auf das A'havanîjafeuer zu und spricht die Lieder: „Ein- und Ausathmen..." (AV. 2. 16) und „Kraft bist du..." (AV. 2. 17); so ist die Vorschrift.

21. Mit den beiden Versen: „Dieser Agni möge uns..." (VS. 5. 37, 38) tritt er (vollends) heran und geniesst seine Portion mit den Worten: „Dieser Opferherr auf den Befehl..."

22. Mit dem Verse: „Die Satzungen mache ich dem Herrn der Satzungen..." (Citat unbekannt) legt er das Brennholz an, womit die (Vait. 1. 13 übernommene) Observanz ihr Ende erreicht.

23. Der Erfolg wird jedoch auch ohne (diese) Ceremonie von Seiten des Jaǵamâna erzielt; dies sprechen auch folgende zwei Çloka aus:

„Der Pravargja, die Jâǵamâna und die Patnîmantra, diese drei
„Bilden einen unwesentlichen Theil beim Opfer; auch ohne sie gelingt dasselbe.
„Durch den Pravargja erlangt man Heldenmacht, durch das Jâǵamâna Erfüllung seiner Wünsche,
„Durch die Patnîmantra Nachkommenschaft und langes Leben; dadurch hat man hierin Erfolg."

24. Das Darçapûrṇamâsaopfer ist dreissig Jahre lang zu feiern, (nur) fünfzehn (dagegen) das Dâkshâjaṇaopfer (eine Modification des ersteren).

---

19) Kâtj. Çr. 3. 8. 21. A'p. Çr. 6. 19: *gârhapatjam upatishṭhate 'gne gṛhapata iti*, allerdings hier unter den Agnihotraceremonien.

21) Kâtj. Çr. 3. 8. 28, 30, woselbst der Spruch '*sam jaǵñapatir â*' lautet.

22) Kauç. 6: *vratâni vratapataja iti samidham âdadhâti*; 42, woselbst auch der citirte Vers vollständig steht:

vratâni vratapataja upâkaromj agnaje
sa me djumnam bṛhad jaço dîrgham âjûḥ kṛṇotu ma

iti vratasamâpanîr âdadhâti. 42. 68: *idâvatsarâje 'ti vratavisarǵanam âǵjam ǵuhujât, samidho 'bhjâdadhjât.* Nach Kâtj. Çr. 3. 8. 29 entledigt sich der Jaǵamâna der Observanz unter Verwendung des bei der Uebernahme derselben vorgeschriebenen Verses (Vait. 1. 13).

23) Weber, Ind. Stud. 10, 337.

24) Kâtj. Çr. 4. 4. 29.

25. Das Vollmondsopfer fällt auf den Vollmonds- und den folgenden Tag; ebenso (das Neumondsopfer) auf den Neumondstag (und den folgenden).
26. Oder (es ist auch das Darçapûrṇamâsaopfer nur) ein Jahr lang (zu feiern.)
27. Auch ist das Sâkaṃprastâjja usw., sowie (alle übrigen) Jshṭi in diesen beiden (Opfern) erklärt.

---

26) Kâtj. Çr. 4. 4. 29.

27) Kâtj. Çr. 4. 3. 2. Çâṅkh. Çr. 1. 16: *vjâkhjâtau darçapûrṇamâsau, prakṛtir ishtipaçubandhânâm.*

BUCH II.

Capitel 5.

1. Es folgt die Beschreibung des Agnjâdheja.
2. Im Frühling (ist dasselbe vorzunehmen) für einen Brâhmaṇa, im Sommer für einen Râǵanja, in der Regenzeit für einen Vaiçja; dies sind die drei Zeitabschnitte; so ist die Vorschrift.
3. Wann aber auch immer Jemand anlegen möge, nie soll ihn der Glaube dabei verlassen.
4. Vorgeschrieben ist Reismuss für die Brâhmaṇa.
5. (Der Jaǵamâna) führt die Priester hinzu.
6. Er lege das nach Belieben mit einem Mantra (oder auch nicht) besprochene (Feuer) an.
7. „Den Açvattha im Schoosse der Çamî, der bei dir aufgewachsen ist,

„Den erfasse ich dir unter Andacht und Opferflammen.

„O Ǵâtavedas, den Samen der Welt lasse hier entströmen, der aus der Gluth entstehen wird,

„Indem du das opferführende Feuer aus dem Açvattha im Schoosse der Çamî entspringen lässest, das erfreuende."

Diese Worte lässt (der Brahman den Jaǵamâna) sprechen, wenn der-

---

2) Vait. 43. 1. Kâtj. Çr. 4. 7. 5—7. A'çv. Çr. 2. 1. 12, 13. A'p. Çr. 5. 3: *vasanto brâhmaṇasja, grîshmo râǵanjasja hemanto vâ, çarad vaiçjasja, varshâ rathakârasja, je trajâṇâṃ varṇânâm etat karma kurjus, teshâm esha kâlaḥ, çiçiraḥ sârvavarṇikaḥ, somena jakshjamâṇo na rtuṃ sûrkshet.* Çâṅkh. Çr. 2. 1: *vasante brâhmaṇasjâ 'gnjâdhejaṃ, grîshme kshatrijasja, varshâsu vaiçjasja çaradi vâ, çiçiraḥ sarvavarṇânâṃ, jâthâkâmjam ṛtûṇâṃ somena jakshjamâṇasja.*

3) Die Vorschrift in § 2 ist also nicht bindend, ebenso A'çv. Çr. 2. 1. 14. vgl. auch A'çv. Gṛhj. 1. 1. 4.

4) Kâtj. Çr. 4. 8. 3, 9.

7) TBr. 1. 2. 1. 8, 9, 15, 16. — Kâtj. Çr. 4. 7. 22, 23. A'çv. Çr. 2. 1. 17.

selbe die beiden in dem Mantra erwähnten Reibhölzer ergreift um (das Feuer) anzulegen.

8. Schweigend und wachend sitzen sie die Nacht oder auch (nur) die zweite Hälfte der Nacht da.

9. Mit dem Verse: „Bṛhaspati, Savitar...“ (AV. 7. 16. 1) wecke (der Jaǵamâna?) sie, wenn sie in Schlaf fallen sollten.

10. Beim Erscheinen der Morgenröthe macht (der Adhvarju) das zum Auslöschen (des Tags zuvor angelegten Gârhapatjafeuers) dienende Wasser (*çântjudaka*) zurecht unter Recitation der — — — — und der Aṅgirasverse und unter Anfügung der K'âtana-, Mâtṛnâma und Vâstoshpatilieder.

11. Mit diesem (Wasser) wäscht er das eisenbeschlagene (eig. Feuer im Fuss tragende) Ross, besprengt (das Gârhapatjafeuer) und löscht es auf diese Weise aus, um es noch vor oder auch erst nach Sonnenaufgang (aufs Neue) anzulegen.

A'p. Çr. 5. 1: *jo açvatthaḥ çamîgarbha âruroha tve sak'â, taṃ te harâmi brahmaṇâ jaǵńijaiḥ ketubhiḥ sahe 'ti çamîgarbhasjâ 'çvatthasjâ 'raṇî âharatj, apj açamîgarbhasje 'ti vâǵasanejakam;* 5. 8: *ǵâtavedo bhuvanasja reta iha siñk'a tapaso jaǵ ǵanishjate, agnim açvatthâd adhi havjavâhaṃ çamîgarbhâǵ ǵanajan jo majobûḥ, ajaṃ te jonir ṛtvija itjetabhjâm agnî rakshâṃsi sedhati.*

8) Nach dem Schol. zu Kâtj. Çr. 4. 8. 13 nur der Jaǵamâna und seine Gattin, nach unserm Text also wohl auch die Ṛtviǵas.

10) S. die kritischen Anmerkungen zu der Stelle. — Kâtj. Çr. 4. 8. 15. Gop. Br. 1. 2. 18: *sa khalu çântjudakam* fgg Kauç. 44: *çântjudakaṃ karotj, tatrai 'tat sûktam* (sc. AV. 4. 2) *anujoǵajati.* 80: *çântjudakaṃ karotj asakalaṃ k'âtanânâṃ k'â 'nvâvapate.* 136: *çântjudakaṃ kṛtvâ sarvatra k'âtanânj anujoǵajen, mâtṛnâmâni k'a.* 31: *çântjudakena saṃprokshja —.* 54: *çâ°keno' pasik'ja —.*

11) Kâtj. Çr. 4. 8. 16; 9. 16. — Zu der Verwendung eines Pferdes beim Agnjâdheja vgl. ausser Kâtj. Çr. 4. 8. 25 fgg. 9. 16 noch A'p. Çr. 5. 10: ° *itj upatishṭhatj açve 'gniṃ manthati.* Das Kâtj. Çr. 4. 9. 16 angeordnete Berühren des Hufes mit einem brennenden Holztück beweist, glaube ich, deutlich, dass der Wahrnehmung, wie durch den beschlagenen Huf (man muss die Bekanntschaft mit dieser Praxis doch wohl bei den damaligen Indern voraussetzen) Feuerfunken hervorgelockt werden, das Ross überhaupt nur seine Verwendung beim Agnjâdheja verdankt; dafür spricht jedoch nicht nur die bei demselben vorgenommene symbolische Handlung, sondern auch der dritte der

12. Hierbei findet die Handlung statt, bei deren Beginn festgeformte Erdklösse erforderlich sind und welche mit dem Herantreten endet.

13. Mein Lehrer entnimmt noch dazu (dh. schreibt vor zu entnehmen) unter dem Verse: „Wenn dich im Zorn…“ (AV. 12. 2. 5) Feuer in das A'havanîja- und Dakshiṇâfeuer, wobei zum Schluss die Grenzlinien gezogen werden.

14. „Dein ist das Lebende, alles erhältst du; Atharvan entrieb dich zuerst, o Agni.
„Dich, o Agni, entrieb Atharvan aus einem Lotusblatt für den frommen Opferherrn, der das Haupt von allem ist.
„Dich entflammte dann der Ṛshi Dadhjaṅk', der Sohn Atharvans, dich den Feindetödter, den Burgenzerbrecher.
„Dich entflammte dann der Hengst auf der Strasse, dich den Tödter der Unholde, den Beuteersieger in Kampf für Kampf. (VS. 11. 32—34.)

Mit diesen Worten begleitet (der Jaǵamâna) das Entzünden des Feuers.

15. Das Entstandensein desselben mit dem Verse: „Den schön geborenen Ǵâtavedas…“ (AV. 4. 23. 4).

16. Nachdem er dann (das Feuer) mit Gold zugedeckt, (bläst er es an) mit dem warmen Hauch seiner Nase oder seines Mundes und athmet aus, indem er den Vers: „In mir zuerst…“ (AV. 7. 82. 2) dazu spricht.

17. Wenn man das oben erwähnte Ross seinen Fuss auf die Grenzlinie setzen lässt, so begleitet er diese Handlung mit dem Verse: „Dem heiligen Werke…“ (AV. 3. 16. 6).

18. Während das Feuer auf einem Wagen herbeigeführt wird, lässt (der Brahman den Jaǵamâna), welcher sich hinten an dem Pferde festhält, (folgende fünf Verse) sprechen:

Cap. 6 beginnenden Verse, wozu dann auch die von mir gegebene Deutung von *pâthjo vṛshâ* 5. 14 stimmt.

13) Kâtj. Çr. 4. 8. 16. Wegen *âk'ârjâs* s. Vait. 1. 3 Anm.

14) Mahîd. zu Kâtj. Çr. 4. 8. 21.

15) Kauç. 70: *manthâmi tvâ ǵâtavedaḥ, suǵâtaṃ ǵâtavedasaṃ — — — prathamajâ manthati, dvitîjajâ ǵâtam anumantrajate.*

16) Çat. Br. 14. 9. 4. 25. Kâtj. Çr. 4. 8. 16, 17, 28, 30. A'p. Çr. 5. 11: *ǵâtaṃ jaǵamâno 'bhiprâṇiti prajâpates tvâ prâṇenâ 'bhiprâṇimi — —.*

18) In wörtlicher Uebereinstimmung mit Gop. Br. 1. 2. 18 (Schluss).

Capitel 6.

1. „Als du wiehertest sogleich bei deiner Geburt, dich erhebend aus Meer und Nebel,
„Deine Adlerschwingen, Gazellenfüsse; preiswerth ist deine hohe Geburt, o Renner. (RV. 1. 163. 1).
„Als du wiehertest in der Fluth geboren, o Renner, stark, o Ross, und kräftig an Kraft.
„Da machten dich im Anfang zu einem Antheil für den Brahman Atharva- Sâma- und Jaǵurveda.
„Das unter Ṛgversen geputzte Ross führte Praǵâpati zuerst zum Atharvan.
„An seinem Huf empfing dieser zuerst das Licht (des Feuers); er möge mich führen zur Welt der Frommen.
„Ueberwinde die Feinde, verleihe mir Kinder und langes Leben, o Ross.
„Möge ich durch dich die mich hassenden Nebenbuhler tödten! Verleihe mir, dem Opferer die Himmelswelt.
„Ueberwinde die Feinde, bewältige die anfeindenden,
„Auf dass ich überlegen sei den alles hier schädigenden Menschen.

2. Das gleichzeitige Herbeibringen des A'havanîja- und Dakshiṇâfeuers aus dem Gârhapatja begleitet (der Jaǵamâna) mit dem Verse: „Ich vertheile..." (AV. 12. 2. 32).

3. Wenn das A'havanîjafeuer angelegt ist, so tritt er an dasselbe mit dem Verse: „Heran schritt dieser Stier..." (AV. 6. 31. 1).

4. Das Dakshiṇâfeuer ist entweder durch Reiben zu entzünden oder (aus Gârhapataja) zu holen.

5. Das Entnehmen des Sabhja- und A'vasathjafeuers findet aus dem A'havanîja statt, oder auch das des A'vasathja aus dem Sabhja. — Die Bestimmung des Sabhja ist für die Versammlungshalle, des A'vasathja für das Haus.

6. (Als Opferlohn) giebt (der Jaǵamâna) das (5. 11 erwähnte) eisenbe-

---

3) Kâtj. Çr. 4. 9. 18.

5) Kâtj. Çr. 4. 9. 20; vgl. Weber, Ind. Stud. 10, 328.

6) Gop. Br. 1. 2. 21, wo neben *k'âtushprâçjâm* das hier zu ergänzende *dhenum* steht. — Nach Kâtj. Çr. 4. 10. 6. (Schol.) erhalten die Priester erst nach der Purṇâhuti ihren Lohn. — A'p. Çr. 5. 20: *dakshiṇâkâle dakshiṇâ dadâtj ojaṃ pûrṇapâtram upabarhaṇaṃ sârvasûtram itj agnîdhe, vahinam açvam brahmaṇe 'dhvarjave vâ, 'havanîjadeçe 'naḍvâham adh-*

schlagene Ross, den (beim Agnjâdheja verwendeten) Wagen, eine Kuh, welche (mit ihrer Milch) Speise für vier gewährt, und Gold dem Brahman.

7. „Man heisst dich den Agni Vaiçvânara; so kamst du brennend, verbrennend herbei.

„Sei unser Fürsprecher unter den Göttern. Nicht mögen wir Schaden nehmen, dein sind wir ja."

Mit diesem Verse beruhigt (der Brahman) das (genannte) Ross und treibt es zu sich heran, indem er die (fünf oben citirten) Verse: „Als du wiehertest..." dazu spricht.

8. Mit dem Verse: „Indras Kraft, der Marut Zug..." (AV. 6. 125. 3) beopfert er den Wagen und besteigt ihn mit dem Verse: „O Pfosten, starkgliedrig mögest du..." (AV. 6. 125. 1).

9. Darauf setzt er sich nieder und bringt eine Homaspende mit dem vollen Löffel unter dem Verse: „Dich preisen wir in Verehrung..." (AV. 3. 15. 7) dar.

10. Mit dem Verse: „Diese Verehrung gebührt dem gewaltigen..." (AV. 7. 109. 1) reicht (der Jaǵamâna) die eingesalbten Würfel zum Auswürfeln (der Preiskuh) dem Adhvarju hin.

11. Bei den zum Agnjâdheja erforderlichen (Tanûhavis)ishṭi an Agni Pavamâna, Pâvaka, Çuk'i und die Aditi gelangen die Verse: „Der Pavamâna läutere..." (AV. 6. 19. 2), „Dein mächtiger..." (AV. 18. 4. 59), „Agni verscheucht die Dämonen..." (AV. 8. 3. 26), „Aditi ist Himmel..." (AV. 7. 6. 1) zur Verwendung.

12. Der Jaǵamâna (isst darauf) die Vorfastenspeise für die bevorstehende zwölftägige Fastenzeit; so ist die Vorschrift.

13. Der Observant lege sich wie ein Brahmak'ârin auf den Erdboden an die Feuer.

---

varjave, 'pareṇa gârhapatjaṃ dhenuṃ hotre vâso mithunau gâvau navaṃ k'a rathaṃ dadâti.

7. 8) Gop. Br. 1. 2. 21.

9) Kâtj. Çr. 4. 10. 5. S. auch PW. u. *pûrṇahoma* und *pûrṇâhuti.*

10) Kâtj. Çr. 4. 9. 21. Die von dem Comment. und Weber Ind. Stud. 10, 328 Anm. angenommene Beziehung dieser sonderbaren Ceremonie auf das Sabhjafeuer und die Sabhâ ist wohl nur durch die äussere Folge bei Kâtj. begründet, nach unserem Texte ist sie jedenfalls unmöglich.

11) Kâtj. Çr. 4. 10. 7 fgg.

12) Wörtlich: die Speise des zwölf Tage fasten werdenden; s. Vait. 1. 11.

13) Kâtj. Çr. 4. 10. 16. Kauç. 1. 32: *brahmak'ârî vratj adhaḥ çajita.*

Capitel 7.

1. Abends und Morgens ist das Agnihotra zu vollziehen.
2. Nachdem (der Adhvarju) die Gavîḍâkuh (dh. die Kuh, welche die Milch für die bevorstehende Ceremonie liefert) hat melken lassen, setzt er (diese Milch) als Agnihotra (aufs Dakshiṇâfeuer).
3. (Mit einem brennenden Halme) leuchtend giesst er (in die Milch), wenn sie übergekocht, Wasser nach und schüttet dann (das Ganze) nach Norden hin aus.
4. Das Umstreuen des (A'havanîja)feuers (oder aller drei Feuer) und das Besprengen geschieht mit dem Spruche: „Dich, das Rechte..." (TBr. 2. 1. 11. 1.)
5. Vom Gârhapatja bis zum A'havanîja giesst er einen Wasserstrahl hin mit den Worten: „Unsterblichkeitskrank bist du, verbinde die Unsterblichkeit mit der Schaar der Unsterblichen!"
6. Die abgespülten Sruk'- und Sruvalöffel erhitzt er mit dem Verse: Versengt ist..." (VS. 1. 7b).
7. Mit dem Sruva schöpft er in die Sruk' (vier) Löffelvoll.
8. (Darauf) erhebt er die Sruk', oberhalb welcher Brennholz zu halten ist, bis zur Höhe des Mundes und schreitet zu dem A'havanîja mit den Worten: „Hiermit erhebe ich den Opferer in die himmlische Welt."
9. Er legt (die Sruk') auf das Barhis nieder und Brennholz (im A'havanîja) an, indem er dazu spricht: „Dich (das Brennholz), das das Licht

---

1) Kâtj. Çr. 4. 13. 1.

2) Kâtj. Çr. 4. 13. 10. *gavîḍâ* ist ein Compositum aus *go* + *iḍâ* mit gedehntem Anlaut; es steht auch 43. 6. und Gop. Br. 1. 3. 11, 12. — Agnihotra ist 1. Name der ganzen Handlung, 2. der hier erwähnten Milch. Schol. zu Kâtj. Çr. 4. 14. 1.

3) Kâtj. Çr. 4. 14. 5, cf. Schol. — Gop. Br. 1. 3. 11, 12 findet sich sowohl *samudrântam*, als auch die beachtenswerthe Construction von *â-ni* mit dem instr. *adbhis*.

4) Kâtj. Çr. 4. 13. 15, 16. A'p. Çr. 6. 5: *ṛtaṃ tvâ satjena parishiñk'âmi 'ti sâjaṃ parishiñk'ati.* Kauç. 3: *ṛtaṃ...parishiñk'âmi ǵâtaveda iti saha havirbhiḥ parjukshja...*

5) Kâtj. Çr. 4. 13. 16. Gop. Br. 1. 3. 12.

6) Kâtj. Çr. 4. 14. 7. Kauç. 3: *darbhaiḥ sruvaṃ nirmṛǵja nishṭaptaṃ raksho nishṭaptâ arâtajaḥ, pratjushtaṃ rakshaḥ pratjushṭâ arâtaja iti pratâpja mûle sruvaṃ gṛhitvâ ǵapati...*

7) Kâtj. Çr. 4. 14. 10.

8) Kâtj. Çr. 4. 14. 12.

9) Kâtj. Çr. 4. 14. 13.

des Feuers hervorbringt, das mit Wind und Hauch versehene, das himmlische lege ich an für den Himmel, dich das strahlende.“

10. Steht es in Flammen, so beopfert er es am (folgenden) Morgen mit den Worten: „Dich mit dem Lichte der Sonne...“

11. (Dazu spricht er) den Vers: „Vereint mit dem Gotte Savitar, vereint mit der Nacht sammt Indra, möge Agni wohlgefällig herbeikommen. Svâhâ!“ (VS. 3. 10a, am Abend); den Vers: „Vereint mit der Morgenröthe usw. möge die Sonne wohlgefällig usw.“ (VS. 3. 10b) am Morgen.

12. Mit den Worten: „Diese (irdische) Welt möge mich fortsetzen (sc. durch Verleihung von Kindern)“ blickt er auf das Gârhapatja hin und opfert, indem er den Vers: „Praǵâpati, kein anderer als du...“ (AV. 7. 80. 3) im Sinne hat, die zweite und vollere (Spende).

13. (Darauf) giesst er den Sruva dreimal nach Norden hin aus mit den Worten: „Die Rudra erfreue ich.“

14. Legt denselben auf das Barhis nieder, wischt ihn aus und trocknet sich die Hände nach Norden hin ab mit den Worten: „Die Pflanzen und Bäume erfreue ich.“

15. Nachdem er (den Löffel) zum zweiten Mal ausgewischt und sich die Manenschnur umgelegt hat, opfert er nach Süden mit den Worten: „Den Manen verleihe ich den Labetrank“ im Gârhapatja- und Dakshiṇâfeuer, wenn er einen besonderen Wunsch hat.

16. Mein Lehrer erklärt jedoch die Agnihotraceremonie als unabänderlich (dh. erkennt den Begriff *kâmja* bei derselben nicht an).

17. Er legt in das Gârhapatja Brennholz an und opfert (in demselben) darauf aus dem Kessel mit dem Sruva, indem er spricht: „Hierher möge Gedeihen der Herr des Gedeihens schaffen, hier möge der Herr der Nachkommenschaft Nachkommen bestehen lassen; Agni, dem Hausherrn, dem reichen, dem Herrn des Gedeihens Svâhâ!“

---

10) Kâtj. Çr. 4. 14. 14.

12) Kâtj. Çr. 4. 14. 17. Gop. Br. 1. 3. 12. Ueber die erste Spende siehe § 3.

13) Gop. Br. 1. 3. 12. Vgl. die kritischen Noten zu der Stelle.

14) Kâtj. Çr. 4. 14. 19, 20. Gop. Br. 1. 3. 12.

15) Kâtj. Çr. 4. 14. 21, 22. Gop. Br. 1. 3. 12. Das wunderliche *pitrjupavîta* habe ich im Hinblick auf Gop. Br. aaO. und Vait. 28. 26 nicht in das zu erwartende *pitrjopavîta* zu ändern gewagt. — Der Jaǵamâna ist bei dieser Handlung *prâk'înâvîtin*, nicht *jaǵñopavîtin*; Âçp. Par. 59.

17) Kâtj. Çr. 4. 14. 23.

18. Vorgeschrieben ist eine zweite (von keinem Spruche begleitete Spende).
19. Die erste (der zwei nun folgenden) im Dakshiṇâfeuer (darzubringenden) erfordert die Worte: „Agni, dem Speise essenden, dem Herrn der Speise Svâhâ!"
20. Nachdem er mit dem Spruche: „Dich das Wahre mit dem Rechten...." (T. Br. 2.1.11.1, die Feuer) umstreut, legt er den Sruva, die Sruk' und das Barhis nördlich vom (A'havanîja)feuer nieder.
21. Den Rest in der Sruk' verzehrt er (in folgender Weise):
22. Mit den Worten: „Die Athem erfreue ich" berührt er denselben, mit: „Die Keime (erfreue ich)" zum zweiten Mal, mit: „Alle Götter (erfreue ich)" geniesst er schliesslich das Ganze und giesst darauf mit der Sruk', ohne sie ausgewischt zu haben, Wasser hin mit: „Die Sarpa und Itaraǵana (erfreue ich)"; nachdem er dann (die Sruk') am Barhis ausgewischt hat, (giesst er) mit: „Die Sarpa und Puṇjaǵana (erfreue ich)" zum zweiten Male (Wasser hin) und mit: „Die Gandharva und Apsaras (erfreue ich)" zum dritten Mal westlich (vom A'havanîjafeuer).
23. Mit: „Die sieben Ṛshi (erfreue ich)" erhitzt er den Sruva und die Sruk'.
24. Mit: „Nach Süden führe ich sie" wischt er den Stiel der Sruk' (am Abend) abwärts und am Morgen aufwärts ab.
25. Im Brâhmaṇa beschrieben ist das Herantreten an die Feuer.
26. Nun opfere er, wenn etwas von dem Melken der Gavîḍâkuh an misslungen sein sollte, der und der Gottheit (die Sühnopfer).

Capitel 8.

1. Am dreizehnten (Tage des Monats) bringe derjenige, welcher die Darçapûrṇamâsaopfer beginnen will, einen Opferkuchen in elf Schalen an Agni-Vishnu mit dem Liede: „O Agni-Vishṇu..." (AV. 7. 29) dar.

---

18) Kâtj. Çr. 4. 14. 24.

19) Kâtj. Çr. 4. 14. 25.

20) § 4. Kâtj. Çr. 4. 14. 28, 29. A'p. Çr. 6. 5: *satjaṃ tva rtena parishiñk'âmî 'ti prâtar âhavanîjam agre, 'tha gârhapatjam, atha dakshiṇâgnim api vâ gârhapatjam âhavanîjaṃ dakshiṇâgniṃ jathâ vâhitâh.*

21—24) Gop. Br. 1. 3. 12.

25) Ich habe nichts davon im Gop. Br. vorgefunden; weitläufig wird dasselbe A'p. Çr. 6. 11 fgg. *(agnjupasthânaṃ vjâkhjâsjâmaḥ...)* behandelt.

1. 2) Gop. Br. 2. 1. 12. Kâtj. Çr. 4. 5. 22. A'p. Çr. 5. 23: *nirvapatj âgnâvaishṇavam ekâdaçakapâlaṃ, sarasvatjai k'aruṃ, sarasvate dvâdaçakapâlam, agnaje bhagine 'shṭâkapâlaṃ jaḥ kâmajeta bhagj annâdaḥ sjâm iti, nitjavad eke samâmananti.*

2. Derjenige, welcher zuerst mit dem Vollmondsopfer beginnt, ausserdem noch der Sarasvatî ein Muss und dem Sarasvant (einen Opferkuchen) in zwölf Schalen mit den Liedern: „Sarasvati, in deinen Gebieten…“ (AV. 7. 68) und „Nach dessen Satzung…“ (AV. 7. 40).

3. Wenn sich nach Vollziehung des A'dhâna vor Ablauf des Jahres ein Unglück ereignet, so endige er unter der Rohiṇî das Agnihotra und lege unter den Punarvasû wieder an (begehe das Punarâdheja) mit den Worten: „Om, bhûs, bhuvas, svar, ǵanad om.“

4. Wenn die Pflanzen reif sind, (ist) die A'grajaṇa-Ishṭi (zu begehen).

5. Den Vers: „Dem Idâvatsara-Jahre…“ (AV. 6. 55. 3) lege (der Brahman) bei den Einleitungs- und Schlusshoma ein.

6. Mit dem Verse: „O Agni und Indra…“ (AV. 7. 110. 1) ist eine Spende an Agni-Indra darzubringen; falls dieselbe an Indra-Agni gerichtet ist, mit dem Verse: „Indra und Agni sollen uns…“

7. Darauf mit den Versen: „Wenn wir wissend…“ (AV. 6. 115. 1), „Himmel und Erde, mit Erhörung…“ (AV. 2. 16. 2), „Soma ist der Kräuter…“ (AV. 5. 24. 7) Spenden an die Viçve devâs, Himmel und Erde und Soma.

8. Am Phâlgunavollmondstage beginne man die K'âturmâsjaopfer.

9. Tags zuvor geht nach Belieben (dh. wenn der Opferer einen besonderen Wunsch dadurch zu erlangen hofft) eine Ishṭi an Vaiçvânara und Parǵanja mit den Versen: „Agni Vaiçvânara…“ (AV. 2. 16. 4) und „Brülle, donnere…“ (AV. 4. 15. 6) voraus.

10. An (dem ersten Parvan), dem Vaiçvadeva begleitet (der Hotar) das Hineinwerfen des neu zu entreibenden Feuers (in das A'havanîja) mit dem Verse: „Seid uns beide einmüthig…“ (VS. 5. 3).

---

3) Citirt beim Schol zu Kâtj. Çr. 4. 11. 1, jedoch mit der Variante *ṛddhihâniç k'ed.*

4) Gop. Br. 2. 1. 17. Kâtj. Çr. 4. 6. 1.

5) Gop. Br. 2. 1. 17.

6) Kâtj. Çr. 4. 6. 1. Gop. Br. 2. 1. 17. — Der Vers *indrâgnî asmân* gehört einem Kauç. 5 überlieferten Liede an und lautet daselbst folgendermassen:

indrâgnî asmân rakshâtâṃ jaû praǵânâṃ praǵâpati |
sá praǵâjâ suvîrjaṃ viçvam âjur vjaçnavat ||

7) Kâtj. Çr. 4. 6. 2—4. Gop. Br. 2. 1. 17.

8) Wörtlich wie Gop. Br. 2. 1. 19. — Kâtj. Çr. 5. 1. 1.

9) Kâtj. Çr. 5. 1. 2—4. A'çv. Çr. 2. 15. 1.

10) Kâtj. Çr. 5. 2. 1—5.

11. Mit dem Verse: „In einem Feuer wandelt das andere..." (AV. 4. 39. 9) (bringt der Adhvarju) eine Homaspende (dar).

12. In dieser Weise geht das Entreiben vor sich.

13. (Es folgen nun die eigentlichen Vaiçvadevaspenden) an Agni, Soma, Savitar, Sarasvatî, Pûshan, die Marut, die Viçve devâs, Himmel und Erde mit den Versen: „Agni ist der Bäume..." (AV. 5. 24. 2), „Soma ist der Pflanzen..." (AV. 5. 24. 1), „Sarasvatî, in deinen Gebieten..." (7. 68. 1), „In der Ferne der Pfade..." (AV. 7. 9. 1), „Die Marut sind der Berge..." (AV. 5. 24. 6), „Alle Götter mögen mich..." (RV. 6. 52. 14), „Himmel und Erde sind der Gaben..." (AV. 5. 24. 3).

14. (Darauf eine Darbringung) von der Molke mit dem Halbverse: „Den her sich wendenden, Güter verschaffenden..." (AV. 3. 16. 6cd).

15. Von derselben geniessen, nur durch Einziehen des Geruches, der Hotar, Adhvarju, Brahman und A'gnîdhra — auch der Jaǵamâna ist dabei gegenwärtig — unter gegenseitigem Einladungsruf.

16. Die Grundform (dieser Einladungsrufe) ist:

„Mit dem Samen, der mir zu Stande kommt und welcher mir abgeht,
„Und der mir aufs Neue entsteht, mit diesem tritt freundlich in mich ein;
„Durch ihn mache mich männlich, durch ihn reich an Nachkommen.
„Von dir, dem von Männern getrunkenen, dem angerufenen, geniesse ich angerufen."

17. Bei den Varuṇapraghâsa (dem zweiten Parvan) am A'shâḍhavollmondstage geht der Jaǵamâna, während die beiden (A'havanîja- und Dakshiṇâ)feuer (aus dem Gârhapatja auf ihre Plätze) gebracht werden, den Vers: „Agni, komm herbei..." (AV. 4. 14. 15) leise hersagend.

18. Und setzt sich an das südliche Feuer.

19. (Der Adhvarju) geht im Osten (an demselben) vorüber, opfert zuerst in dem nördlichen (dem Gârhapatja-) Feuer, sodann in dem südlichen.

20. (Dann) putzt man die Gattin, nachdem sie (vom Pratiprasthâtar) über

---

11. 12) Kâtj. Çr. 5. 2. 6, cf. Schol.

13) Kâtj. Çr. 5. 1. 5—20. A'çv. Çr. 2. 16. 10.

15) A'çv. Çr. 2. 16. 17, 18, 21.
16) Taitt. A'r. 1. 30. 1. A'çv. Çr. 2. 16. 19.
} Kâtj. Çr. 4. 4. 23—27; hiernach findet jedoch die Handlung beim Dûkshâjaṇaopfer statt.

17) Kâtj. Çr. 5 3. 1; 4. 2.

19) Kâtj. Çr. 5. 5. 4, 5.

20) Kâtj. Çr. 5. 5. 6. A'p. Çr. 8. 6: *pratiprasthâtâ patnîm udânajatj etak'*

ihre Untreue befragt ist, unter dem Verse: „Dies, o ihr Wasser, führet fort..." (AV. 7. 89. 3.)

21. (Darauf bringt der Adhvarju) die fünf (allen drei Parvan gemeinsamen) Spenden, mit der für Pûshan bestimmten zum Schluss (dar).

22. (Dazu noch solche) an Indra-Agni, Varuṇa, die Marut und Ka, bei denen (und zwar speziell der zweiten und vierten von den genannten) die Verse: „Varuṇa ist der Gewässer..." (AV. 5. 24. 4) und „Der Leben gebend..." (AV. 4. 2. 1) zu verwenden sind.

23. Nach dem Reinigungsbade finden die Vishṇuschritte zwischen den beiden Vedi statt.

Capitel 9.

1. Am Kârttikavollmondstag finden die Sâkamedha (das dritte Parvan) statt.

2. Bei der Tags zuvor darzubringenden (Morgen)ishṭi an Agni anîkavant ist der Vers: „Er machte rauschen..." (AV. 3. 3. 1), am Mittag (bei der Spende) an die wärmenden Marut der Vers: „O ihr wärmenden, an diesem..." (AV. 7. 77. 1), am Abend (bei der Spende) an die (Marut), welche an den Hausopfern Antheil haben, der Vers: „Den eiligen Zug..." (AV. 4. 27. 7) zu verwenden.

3. (Diese letztgenannte Ishṭi) beginnt mit einer Schmalzportion und schliesst mit einer Iḍâlibation.

4. Am nächsten Tage folgt die Handlung mit dem vollen Darvîlöffel unter

---

k'a vâk'ajati, tâm pṛk'k'hati: patnî, kati te ǵârâ iti? jân âk'ashṭe tân varuṇo gṛhṇâtv iti nirdiçati, jaǵ ǵâram santam na prabrûjât, prijam ǵñâtim rundhjât; asau me ǵâra iti nirdiçen. nirdiçjai 'vai 'nam varuṇapâçena grâhajati 'ti viǵñâjate.

21) Dh. die fünf ersten von den § 13 genannten; cf. Weber Ind. Stud. 10, 338. A'çv. Çr. 2. 17. 13.

22) Kâtj. Çr. 5. 4. 23. A'çv. Çr. 2. 17. 14, 15.

23) Bei dem Schol. zu Kâtj. Çr. 5. 5. 29 und 40 wird das Bad auch *saumika* genannt, ebenso A'p. Çr. 8. 7. 8. — Der Schluss des § ist citirt in der Paddhati zu Kâtj. Çr. pag. 488, 2.

1) Kâtj. Çr. 5. 6. 1.

2) Kâtj. Çr. 5. 6. 2—6 A'çv. Çr. 2. 18. 2, 3. Gop. Br. 2. 1. 23. A'p. Çr. 8. 9: *tataç k'aturshu mâseshu pûrvasmin parvaṇj upakramja dejahaṃ sâkamedhair jaǵate, 'gnaje 'nîkavate puroḍâçam ashṭâkapâlam nirvapati, sâkam sûrjeṇo 'djatâ sâkam vâ raçmibhiḥ prak'arauti, siddham ishṭiḥ saṃtishṭate; marudbhjaḥ sâṃtapanebhjo madhjaṃdine k'aruṃ; na barhir anupraharati siddham ishṭiḥ saṃtishṭhate;* weiterhin citirt vom Schol. zu Kâtj. Çr. 5. 6. 6.

3) Kâtj. Çr. 5. 6. 18 fgg., 27.

Anwendung des Verses: „Voll, o Löffel..." (cf. VS. 3. 49, TS. 1. 8. 4. 1).

5. (Darauf eine Darbringung) an die spielenden Marut mit dem Liede: „Die schwarze Bahn..." (AV. 6. 22).

6. An der Mâhendrî (bringt er) die sechs Spenden, mit der an Indra-Agni gerichteten zum Schluss, (dar).

7. (Darauf zwei) für Mahendra und Viçvakarman bestimmte mit dem Liede: „Welche essend..." (AV. 2. 35).

8. Bei der (nun folgenden) Pitrjâ(ishṭi spricht er) die Daivâvṛdhformel, an welche sich zum Schluss die Darbringung einer Butterportion anschliesst, (aus) für Soma sammt den Manen oder die Manen sammt Soma, unter Verwendung der Verse: „O Väter, die ihr auf dem Barhis sitzt..." (AV. 18. 1. 51), „Die von uns herbeigerufenen Väter..." (AV. 18. 3. 45), „O ihr im Feuer verbrannten Väter..." (AV. 18. 3. 44), „Dem Agni, der das Väteropfer entführt..." (AV. 18. 4. 71).

9. Die Einleitungshoma opfert (der Adhvarju in dem Feuer), das aus dem Dakshiṇâfeuer geholt und an demselben vorübergetragen ist.

10. Darauf geht (der Brahman) südlich an dem (A'havanîja)feuer vorüber

---

4) Gop. Br. 2. 1. 23. Kâtj. Çr. 5. 6. 36. A'p. Çr. 8. 11: *vjushṭâjâṃ purâ 'gnihotrât pûrṇadarveṇa k'aranti, hute vâ; çaranishkâsasja darvîṃ pûrajitva rshabham âhûja tasja ravathe pûrṇâ darvi parâ pate 'tj anudrutjo 'ttarajâ gârhapatje juhujâd; jadj ṛshabho na rujâd, brahmâ brûjâj juhudhi 'ti, jasja ravathe juhoti. taṃ dakshiṇâṃ dadâti, marudbhjaḥ krîḍibhjaḥ svataraḍbhjo vâ puroḍâçaṃ saptakapâlaṃ nirvapati, sâkaṃ sûrjeno 'djatâ sâkaṃ vâ raçmibhiḥ prak'aranti, siddhaṃ ishṭiḥ saṃtishṭhate.* Kauç. 138: *darviṃ pûrajitvâ pûrṇâ darva iti sa darvîm* — —.

5) Gop. Br. 2. 1. 23. Kâtj. Çr. 5. 7. 1. A'çv. Çr. 2. 18. 14—16.

6) *Mâhendrî*, sc. *ishṭi*, ist sva. sonst *mahâhavis* (Kâtj. Çr. 5. 7. 5), so auch A'çv. Çr. 2. 18. 17. — Ueber die fünf Spenden ausser der für Indra und Agni bestimmten siehe Cap. 8. 21 und Kâtj. Çr. 5. 7. 7, 8. Gop. Br. 2. 1. 23.

7) Kâtj. Çr. 5. 7. 9, 10. A'çv. Çr. 2. 18. 18. Gop. Br. 2. 1. 23.

8) Die Bedeutung von *daivâvṛdh* ist conjectural erschlossen aus § 14, wo sich das Wort neben, und doch wohl correspondirend mit *çaṃju* findet. Kâtj. Çr. 5. 8. 9—12; 9. 2—9. Kauç. 87: *ekapavitrântarhitân havishjân nirvapati 'dam agnaje karjavâhanâje 'ti, svadhâ pitṛbhjaḥ pṛthivishadbhja iti, 'daṃ somâja pitṛmate, svadhâ pitṛbhjaḥ somavadbhjaḥ, pitṛbhja vâ 'ntarikshasadbhja iti* — —.

9) A'çv. Çr. 2. 19. 1. cf. Schol.

10) Kâtj. Çr. 5. 8. 3, 4. cf. Paddh. pag. 515.

und setzt sich westlich (vom Dakshiṇâfeuer) nieder; der Jaǵamâna und A'gnîdhra nördlich von demselben.

11. (Der A'gnîdhra) beantwortet (bei dieser Ceremonie den Anruf des Adhvarju) mit „*astu svadhâ!*"

12. Das besagen auch folgende zwei Çloka:

„Bei der Pitrjâ (ishṭi) setze dich als Brahman, mit dem Gesicht nach Osten gewendet, wenn die Vorhoma geopfert sind,

„Du dann im Süden am (A'havanîja)feuer vorbeigegangen bist, im Westen (vom Dakshiṇâfeuer) während der Handlung nieder;

„A'gnîdhra und Jaǵamâna dagegen beide im Norden.

„Auch ist hier „*astu svadhâ!*" als Antwortsruf zu sagen."

13. (Hotar, Adhvarju, Brahman und A'gnîdhra) riechen an der Iḍâmilch.

14. Nach der Umgiessung (der Vedi) schliesst (die Pitrjeshṭi) mit der Daivâvṛdh- und Çaṃjuformel.

15. Darauf schreiten sie aus der Hütte heraus und sprechen leise das Lied: „Der in so verschiedener Weise..." (AV. 7. 3).

16. Nach Osten heraufschreitend wenden sie sich zur Sonne mit dem Verse: „Es erheben sich ihre Strahlen..." (AV. 13. 2. 1).

17. Nach Süden (wenden sie sich) zu den Feuern mit dem Verse: „Welche in Himmel und Erde..." (AV. 3. 21. 7.)

18. Darauf bringen sie nach Norden gewendet an einem Kreuzwege den Traijambaka(kuchen) mit dem Liede: „Der im Feuer..." (AV. 7. 87) nach (der Zahl) der arischen Angehörigen des Jaǵamâna dar.

19. Die Puroḍâça in die linke Hand nehmend, gehen sie, indem sie sich die rechten Schenkel schlagen, dreimal links um das Feuer herum und sprechen dazu den Vers:

---

11) Anstatt des Vait. 1. 10 vorgeschriebenen *astu çraushaṭ!* — Gop. Br. 2. 1. 24. A'çv. Çr. 2. 19. 18. Kâtj. Çr. 5. 9. 11.

13) Gop. Br. 2. 1. 25. Kâtj. Çr. 5. 9. 14.

14) Kâtj. Çr. 5. 9. 16, 32. A'çv. Çr. 2. 19. 2. S. Anm. zu § 8.

17) Gop. Br. 2. 1. 25. A'çv. Çr. 2. 19. 31, 32.

18) Dh. einen Puroḍâça für jeden Verwandten und ausserdem einen überzähligen. Kâtj. Çr. 5. 10. 2. cf. A'çv. Çr. 2. 19. 37. Gop. Br. 2. 1. 25.

„Den Trjambaka verehren wir, den schönduftenden Mehrer des Reichthums.

„Wie den Kürbis vom Stiel, will ich vom Tode mich lösen, nicht von der Unsterblichkeit.“ (RV. 7. 59. 12).

20. Darauf nehmen sie die Puroḍâça in die rechte Hand und gehen, (die linken Schenkel sich schlagend, dreimal) rechts (um das Feuer) herum.

21. Wenn die beiden (mit den Puroḍâça gefüllten und aufgehängten) Körbe abgelöst sind, so spricht (der Jaǵamâna) leise den Vers: „Welcher Angehörige uns...“ (AV. 1. 19. 3.)

22. Dann kommen (alle wieder) rechts herum sich wendend zurück.

23. Es folgt die Ishṭi an Aditi.

24. Am Phâlgunavollmondstage (findet) das Çunâsîrja (statt).

25. Bei Wiederholung (der K'âturmâsjaopfer jedoch) am Tage vorher.

26. (An demselben bringt der Adhvarju) die fünf (regulären K'âturmâsjaspenden), mit der an Pûshan gerichteten zum Schluss, (dar).

27. (Dazu) Spenden an Vâju, die Çunâsîra und die Sonne, die letzte nur in einer Darbringung bestehend, bei denen (dh. der zweiten und letzten) die Verse: „Die Çunâsîra mögen hier...“ (AV. 3. 17. 7) und „Die Sonne ist der Augen...“ (AV. 5. 24. 9) zur Verwendung kommen.

Capitel 10.

1. Bei dem nun zu beschreibenden Thieropfer bringt er einen Volllöffel-

---

20) Kâtj. Çr. 5. 10. 15, 16. cf. Çat. Br. 2. 6. 2. 12. Eine ganz ähnliche Ceremonie wird für die Somafeierlichkeiten von A'p. Çr. 15. 22 vorgeschrieben: *ṛtvijo hotṛprathamâḥ prâk'inâvîtino jâmir anubruvantaḥ sarparâǵñinâṃ kîrtajanto dakshiṇân keçapakshân udgrathja savjân prasrasja dakshiṇân ûrûn âghnânâḥ, sighbir abhidhûnvantas triḥ prasavjaṃ parijantj, apa naḥ çoçuk'ad agham iti; savjân udgrathja, dakshiṇân prasrasja, savjân ûrûn âghnânâ anabhidhûnvantas triḥ parijanti, apa naḥ çoçuk'ad agham iti.* — Kauç. 84: *triḥ prasavjaṃ prakîrṇakeçjaḥ pratiparijanti dakshiṇân ûrûn âghnânâs.*

21) Kâtj. Çr. 5. 10. 21.

22) Kâtj. Çr. 5. 10. 23. Schol. Paddh. pag. 537.

23) Gop. Br. 2. 1. 25 A'çv. Çr. 2. 19. 39.

24) Kâtj. Çr. 5. 11. 15. A'çv. Çr. 2. 20. 1. cf. Gop. Br. 2. 1. 26.

25) Kâtj. Çr. 5. 11. 18.

26) Vait. 8. 21 Anm. Kâtj. Çr. 5. 11. 4. A'çv. Çr. 2. 20. 3.

27) Kâtj. Çr. 5. 11. 5, 6, 11. A'çv. Çr. 2. 20. 3. Gop. Br. 2. 1. 26.

1) Dh. die *jûpâhuti* nach Art der *pûrṇâhuti* Kâtj. Çr. 6. 1. 4 cf. Schol.

homa an Vishṇu dar mit dem Verse: „Weit, o Vishṇu..." (VS. 5. 38. TS. 1. 3. 4. 1.)

2. Mit dem Verse: „Des unheildrohenden..." (AV. 10. 6. 1) begleitet (der Adhvarju) das Behauen des Opferpfostens.

3. Mit: „Wenn dich der Kunstfertige..." (AV. 10. 6. 3) das Glätten desselben.

4. Mit: „Sie salben, besalben sich ganz und gar..." (AV. 18. 3. 18) das Einreiben desselben (mit Butter).

5. Mit: „Schöne Salbung möge mir..." (AV. 7. 30. 1) das Einsalben desselben [dh. das Bestreichen mit Stoffen, welche als wohlriechend zu bezeichnen sind].

6. Mit: „Was für ein Kleid du dir..." (AV. 8. 2. 16) das Umhängen desselben (mit Gewändern.)

7. Mit: „O Baum, auf das ausgebreitete..." (AV. 12. 3. 33) das Hinlegen desselben auf das Barhis.

8. Mit den Versen: „Vanaspati sammt..." (AV. 12. 3. 15) und „Auf welcher das Sadas..." (AV. 12. 1. 38) das Aufrichten desselben.

9. Mit dem Verse: „Als Erhalter bestehe fest..." (AV. 12. 3. 35) das Hineinsenken des unteren Endes in die Grube.

10. Mit den zwei Versen: „Vishṇus Werke..." (AV. 7. 26. 6, 7) das vollendete Aufstellen.

11. Mit den Versen des Liedes: „Entzündet nun..." (AV. 5. 12, bringt er elf) Prajâǵaspenden (dar).

12. Von den (Anujâǵaspenden), welche eine an Narâçaṃsa gerichtete enthalten, die zweite mit dem Verse: „Der Gott unter den Göttern..." (AV. 5. 27. 2).

13. Den Vers: „Es erheben sich seine..." (AV. 5. 27. 1, richtet er) an die Backsteine (des Thieropferaltars).

---

2) Kâtj. Çr. 6. 2. 20. Zu §§ 2. 3. Kauç. 8: *arâtijor iti takshati, jat tvâ çikva iti prakshâlajati.*

4) Wörtlich so Kauç. 88. Cf. Kâtj. Çr. 6. 2. 21; 3. 1—3. A'çv. Çr. 3. 1. 8.

5) Der Schluss, nach Kauç. 13. 54, scheint mir hier nur eine Glosse zu sein um das nach dem voraufgehenden *abhj-añǵ* leicht unverständliche *â-añǵ* zu erklären.

6) Kâtj. Çr. 6. 3. 4 Schol.

8) Kâtj. Çr. 6. 3. 6, 7. A'çv. Çr. 3. 1. 9. cf. Ait. Br. 2. 2.

9) Kâtj. Çr. 6. 3. 8.

10) Kâtj. Çr. 6. 4. 8.

12) Kâtj. Çr. 6. 4. 9 Schol.

14. Bei dem (nun beginnenden eigentlichen) Thieropfer (findet die Handlung statt), welche mit der Verwendung des Verses: „Führe ihn heran..." (AV. 9. 5. 1, dh. dem Herbeibringen des Thieres) beginnt und mit dem Einsalben desselben schliesst.

15. Durch den Vers: „Als den Antheil für Indra..." (AV. 9. 5. 2, weiht er das Thier) der entsprechenden Gottheit.

16. Mit dem Verse: „Welcher gebietet..." (AV. 2. 34. 1) begleitet er das Loslösen (des Thieres).

17. Während dasselbe (von dem Çamitar unter Begleitung des A'gnîdhra, Pratiprasthâtar, Jaǵamâna und Adhvarju) vorgeführt wird, bringe (der letztgenannte) die Loslösungshoma dar mit folgenden Versen:

„Losgelöst möge, o Hirt der Welt, unser Opferthier hier seinem Schicksal entgegen gehen. (cf. AV. 2. 34. 1, 2.)

„Agni, dessen kundig, führe das darzubringende Opfer, das dreifache mit den sieben Aufzügen, er der Gott zu den Göttern (cf. RV. 10. 52. 4; 124. 1.)

„Deine beiden Fangzähne, welche scharf und zerfleischend sind, die beugen aus nach rechts und schauen sich um.

„Ungefährdet lasst uns, ihr Väter, diese Opferspeise sein, welche wir, da sie am Pfosten angebunden war, losgelöst haben.

„Unverkürzt geh wohlgefällig fort, zu Indras Kuhstall laufe kundig hin;

„Einsichtsvolle, weise Leute mögen dich putzen, Labung und Kraft dem Opferer gebend.

18. Während (das Opferthier von dem Çamitar) getödtet wird, kehren (Adhvarju, Jaǵamâna, Pratiprasthâtar und A'gnîdhra auf ihren Platz) zurück.

19. Nach Beendigung (der mit) der Netzhaut (vorzunehmenden Handlung, dh. des Herausschneidens, Kochens und Darbringens derselben), wobei der Vers: „O G'âtavedas, mit der Netzhaut..." (TS. 3. 1. 4. 4) verwendet wird, reinigen sie (die gebrauchten Gegenstände) unter Recitirung der Çambhu- und Majobhulieder (AV. 1. 5. und 6) in der K'âtvâlagrube.

---

15) Wobei denn doch wohl für *indrâja* in dem Verse der Name der Gottheit, an welche das Thieropfer gerichtet ist, substituirt werden muss.

17) Kâtj. Çr. 6. 5. 5—9. Vgl. die kritischen Noten.

18) Kâtj. Çr. 6. 5. 20. cf. Schol.

19) Kâtj. Çr. 6. 6. 13. A'çv. Çr. 3. 5. 1.

20. Ausserdem (opfert der Adhvarju) einen Abschnittspuroḍâça für Indra-Agni.

21. Wenn der A'gnîdhra dazu aufgefordert ist, so (holt er) aus dem Çâmitrafeuer die Upajaǵkohlen und legt sie vor dem Hotar nieder.

22. Nachdem (darauf) der Spiess, an welchem das Herz des Thieres gebraten wurde, (in den Erdboden) gesteckt ist, sprechen sie leise das Lied: „In den Wassern, o König, ist dir..." AV. 7. 83).

23. Hat man mit (dem Stier) für Indra-Agni geopfert, so hängt das Darbringen weiterer Thiere von besonderen Wünschen ab.

---

20) Kâtj. Çr. 6. 7. 19—22. *âvadânika* secund. adj. von *avadâna*. S. A'p. Par. 98.

21) Kâtj. Çr. 6. 9. 7, 8. A'p. Çr. 14. 16: *agnîd aupajaǵân aṅgârân âhore 'tj etadâdi pâçukaṃ karma pratipadjate*; 15, 2: *agnid aupajaǵân aṅgârân âhare 'tj etadâdj âgnishṭomikaṃ karma sarvasaṃsthâsu samânam.*

22) Kâtj. Çr. 6. 10. 3. A'çv. 3. 6. 23.

23) Weber, Ind. Stud. 10, 347. 348. Vait. 11. 1.

BUCH III.

Capitel 11.

1. Derjenige, welcher ein Somaopfer anstellen will, schlachte einen freigelassenen Stier für Indra-Agni in dem Falle, dass sein Vater und Grossvater keinen Soma getrunken (dh. kein Somaopfer gefeiert) haben.
2. Er erwählt sich die Priester: einen Kenner der Atharva-Aṅgiraslieder zum Brahman, einen Kenner des Sâmaveda zum Udgâtar, einen Kenner des Ṛgveda zum Hotar, einen Kenner des Jaǵurveda zum Adhvarju.
3. Der Brâhmaṇâk'k'haṃsin, Potar und A'gnîdhra sind die Gehilfen des Brahman — diesen ist auch der Sadasja beizugesellen —; der Prastotar, Pratihartar und Subrahmaṇja die des Udgâtar; der Maitrâvaruṇa, Ak'k'hâvâka und Grâvastut die des Hotar; der Pratiprasthâtar, Neshṭar und Unnetar die des Adhvarju.
4. Die Wahl des Opferplatzes geschieht je nach der Kaste im Frühling usw.; so ist die Vorschrift.
5. Er begrenze die Ausdehnung der Opferstätte im Osten nicht so, dass sich vor derselben eine Grube, salzhaltiger Boden, ein Baum, Berg, Fluss oder Weg befindet.
6. Er meditire über die Formen des Soma.
7. Bei der Dîkshaṇîjâ (Ishṭi, der Weihe bringt) der Adhvarju einen Puroḍâça) an Agni-Vishṇu (dar).
8. (Die Dîkshaṇîjâ) schliesst mit den Patnîsaṃjâǵa.

---

1) Wörtlich wie Gop. Br. 2. 1. 16. — Kâtj. Çr. 7. 1. 5 cf. Schol. Rudradattas Comment. sagt in der Einleitung zum zehnten Praçna der A'p. Çr.: *ko 'jaṃ vik'hinnasomapîtho nâma? nanû 'kto 'jaṃ brâhmaṇe; aindrâgnam punarutsṛshṭam âlabheta ja â tṛtîjât purushât somaṃ na pibet, vik'hinno vâ etasja somapîtha iti.*

2) Gop. Br. 1. 2. 24; 3. 1. Zu §§ 2. 3. Kâtj. Çr. 7. 1. 6—9. A'çv. Çr. 4. 1. 3—6.

5) Kâtj. Çr. 7. 1. 15. Zu dem corrigirten *ûsha* vgl. A'çv. Gṛhj. 2. 7. 2 (*ûshara*).

7) Kâtj. Çr. 7. 2. 26.

8) A'pastamba und Mânava beim Schol. zu Kâtj. Çr. 7. 2. 29.

9. Der Geweihte spricht, wenn er (von dem Adhvarju) gesalbt wird, leise den Vers: „Die Salbe...“ (AV. 6. 124. 3).

10. Den Vers: „Reinigen mögen mich...“ (AV. 6. 19. 1.), wenn er gereinigt wird.

11. Den Vers: „Die wohl schützende...“ (AV. 7. 6. 3), wenn er geheissen wird, sich auf das schwarze Ziegenfell niederzusetzen.

12. Nachdem der Jaǵamâna (durch einen der Priester öffentlich) für geweiht erklärt ist, handeln diese nach Belieben.

13. Nachdem er nach Sonnenuntergang (bei welchem der Zwang des Schweigens aufhört) wieder zu sprechen begonnen hat, (und zwar) damit, dass er mit den Worten: „Der untergehenden Verehrung...“ (AV. 17. 1. 23) seine Ehrenbezeugung (der sinkenden Sonne) erwiesen, wendet er sich mit den Worten: „Der Gestirne Schein und Glanz thue mir wohl!“ an die Gestirne.

14. Südlich von dem (A'havanija)feuer (findet nun die Handlung statt), welche mit dem (Ausbreiten des) Kissens beginnt und dem Hinschauen schliesst.

15. Den Vers: „Wieder möge Athem...“ (AV. 6. 53. 2) recitirt er mit Beziehung auf die in dem Mantra genannten Dinge (nämlich Athem, Seele, Gesicht und Lebenskraft).

16. Mit den Worten: „Der Sonne Schein usw.“ und „Der aufgehenden Verehrung...“ (AV. 17. 1. 22) wendet er sich an die (aufgehende) Sonne.

17. (Es folgen hier) die Observanzen, (welche der Jaǵamâna während der Dikshitaschaft zu beobachten hat).

18. Er erhebt sich vor Keinem und begrüsst Niemanden.

---

9) Kâtj. Çr. 7. 2. 34.

10) Kâtj. Çr. 7. 3. 1.

11) Kâtj. Çr. 7. 4. 10.

12) Ueber dieses *dikshitâvedana* (*dikshitavâda*, *dikshâjâ âvedana*) s. Kâtj. Çr. 7. 4. 11, 12. Ait. Br. 7. 25. Weber, Ind. Stud. 9, 325; 10, 83. 359.

13) Kâtj. Çr. 7. 4. 13—18. Kauç. 82: *nakshatraṃ dṛshṭvo 'patishṭhate nakshatrâṇâṃ mâ... avatâm iti.*

14) Entlehnung aus Kauç. 24: *kaçipv âstîrja vimṛgvarîm itj upaviçati, jâs te çivâ iti saṃviçati, jak' k'hojâna iti parjâvartate navabhiḥ, çantive 'ti daçamjo 'd âjushe 'tj upottishṭhatj, ud vajam itj utkrâmatj, udîrâṇâ iti trîṇi padâni prâṅ vo 'dag vâ bâhjeno 'panishkramja jâvat ta iti vîkshate.*

15) Vgl. § 13. Das §§ 14. 15 genannte findet also in der dazwischen liegenden Nacht statt.

18) Kâtj. Çr. 7. 5. 5. Gop. Br. 1. 3. 19.

19. Er nennt keinen Namen ausser „Einsichtsvoller“ (*vik'akshaṇa*) einem Brâhmaṇa und „Erhabener“ (*k'anasita*) einem Prâǵâpatja (dh. Kshatrija oder Vaiçja) gegenüber.

20. Es unterbleiben alle Gaben, Homa, Kochopfer und Studium, ebenso die Betreibung aller weltlichen Güter.

21. Er kleide sich mit einem schwarzen Ziegenfell.

22. Trage eine Kopfbinde (*kurîra*).

23. Balle die Fäuste.

24. Hebe (dann) die drei ersten Finger vom Daumen an auf.

25. Und empfange ein Hirschhorn, um sich mit demselben (gelegentlich) zu jucken.

26. Wenn er seine Stimme nicht angehalten (dh. gesprochen) oder seine geballten Fäuste geöffnet hat, recitire er leise folgende Sprüche:

Capitel 12.

1. „Das Agnihotra und das Vollmondsopfer mögen von Osten in mich, wenn ich mich nach Westen wende, indem sie beide wunscherfüllend werden, friedlich eingehen.
„Das ruhige Wohnen und das Neumondsopfer mögen von Westen in mich, wenn ich mich nach Osten wende usw.
„Der Geist und das Väteropfer mögen von Süden in mich, wenn ich mich nach Norden wende usw.
„Die Stimme und die Ishṭi mögen von Norden in mich, wenn ich mich nach Süden wende usw.
„Der Same und die Speise mögen von hier (der Erde) aus in mich, wenn ich mich nach oben (zum Himmel) wende usw.
„Die Sehkraft und das Thieropfer mögen von dort (vom Himmel) aus in mich, wenn ich mich hierher (zur Erde) wende usw.

---

19) S. PW. u. *k'anasitavant* und *vik'akshanavant*, ausserdem noch Gop. Br. 1. 3. 19; 2. 2. 23. Die in der Uebersetzung gegebene Erklärung von *prâǵâpatja* ergiebt sich durch die Vergleichung mit der im PW. u. *k'anasitavant* citirten Stelle aus Âp. Çr. (10. 12).

20) Gop. Br. 1. 3. 21. Schol. zu Kâtj. Çr. 7. 1. 27, 28.

21—26) In wörtlicher Uebereinstimmung mit Gop. Br. 1. 3. 21.

22) Kâtj. Çr. 7. 3. 28.

23) Kâtj. Çr. 7. 4. 4.

24) Hier steht also die Nominativform *prabhṛtajas* für die accusativische *prabhṛtîs*.

25) Kâtj. Çr. 7. 3. 29.

1) Ebenso Gop. Br. 1. 3. 22.

2. Ebenso (recitire er diese Sprüche) bei Beendigung der Weihe, auf dass ihm Glücksgüter zu Theil werden.

3. Nicht darf (nun in Zukunft) die Sonne über ihm auf- oder untergehen, (während er sich) ausserhalb der Vedi (aufhält); auch nicht auf ihn scheinen, wenn er sich bei keinem Dhishṇjaaltar befindet.

4. Er (der Geweihte) spreche die Wahrheit.

5. Bei einer Versäumniss dieser Observanzen tritt er (um diese wieder gut zu machen) mit dem Liede: „Wenn wir aus Unachtsamkeit..." (AV. 7. 106) an das (A'havanîja)feuer.

6. (Wenn denselben ein Bedürfniss anwandelt), so nimmt er mit dem Verse: „Das Wahre, das Grosse..." (AV. 12. 1. 1) einen Erdkloss und entlässt Harn und Koth unter dem Halbverse: „Rein mögen uns die Wasser..." (AV. 12. 1. 30 ab). Mit dem folgenden Halbverse: „Durch den Reiniger, o Erde..." (AV. 12. 1. 30c) reinigt er sich vermittelst des Erdklosses.

7. (Zur Sühnung) spricht er den Vers: „Welcher auch ohne..." (AV. 14. 2. 47), wenn sein Stab oder etwas anderes zerbrochen ist. Wenn er in Träumen etwas gesprochen hat, noch ausserdem den Vers: „Vom Himmel her zu mir..." (AV. 6. 124. 1, dh. in dem letzteren Falle die beiden Verse).

8. Den Vers:

„Was ich auch hier von der Süssigkeit unbeachtet ausgespien habe,
„Das mögen Agni und Savitar in meinen Bauch zurückschaffen.

spricht er zu sich selbst, wenn ihm etwas Speichel entglitten ist.

9. Den Vers:

„Was mir auch hier von dem Safte unbeachtet entfallen ist,
„Das rufen wir hierherzurück, das möge mich wiederkräftigen.

wenn ihm etwas Samen (entglitten ist).

---

3) Wörtlich wie Gop. Br. 2. 5. 4.

6) Kâtj. Çr. 7. 4. 36, 37.

7) Der letztgenannte Vers ist nach Gop. Br. 1. 2. 7 als Prâjaçk'itta für ein etwaiges Ausspucken zu verwenden; vgl. den folgenden §. — Kauç. 57: *jadj asja daṇḍo bhaģjeta, ja ṛte k'id abhiçrisha itj etajâ 'labhjâ 'bhimantrajate.*

8. 9) Gop. Br. 1. 2. 7. Der Zusammenhang erfordert hier, zumal wenn man Gop. Br. aaO. vergleicht, für *ģâmbila* die Bedeutung 'Speichel' oder 'Schleim', während das Wort VS. 25. 3 offenbar einen Theil des Beines bezeichnet.

10. Den Vers: „Weit fort gehe…“ (AV. 5. 7. 7), wenn er etwas unerlaubtes gesagt.
11. Den Vers: „Die steinige…“ (AV. 12. 2. 26) beim Ueberschreiten von Gewässern.
12. Den Vers: „Die Wasser aus dem Meere…“ (AV. 4. 27. 4), wenn es auf ihn regnet, ohne dass er unter Dach und Fach ist.
13. Das Lied: „Ab gleich der Sehne…“ (AV. 6. 42) bei einem Zornausbruch.
14. Er koche Milch von einer Kuh, welche die Mutter eines gleichfarbigen Kalbes ist, besprenge damit sein Weib, wenn sie sich in der zum Beischlaf geeigneten Zeit befindet, entferne sie von ihrem Platze, indem er sie aufhebt, rufe ihr den Laut *hiṅ* zu und gebe ihr in den Geburtswehen und beim Puṃsavana (eine Topfspeise), welche er (in der Milch von einer eben geschilderten Kuh) zubereitet hat, zu essen, nachdem er selbst davon genossen hat *(parâṃ eva)*.

Capitel 13.

1. Drei Weihetage (sind für den Agnishṭoma erforderlich) oder auch beliebig viele; zwölf für eine mehrtägige Feier.
2. Bei der nach Beendigung der Weihe stattfindenden Prâjaṇîjâ (ishṭi, dem Eingangsopfer, bringt der Adhvarju Spenden dar) für die Pathjâ Svasti, Agni, Soma, Savitar und Aditi unter Verwendung der Verse: „Die Pathjâ mit den prangenden…“ (AV. 3. 4. 7) und „Der Vedabüschel diene zum Heil…“ (AV. 7. 28. 1).
3. (Die Prâjaṇîjâ) schliesst mit der Çaṃjuformel.
4. Darauf (opfert der Adhvarju) eine Volllöffelâhuti mit Schmalz aus dem Dhruvâlöffel.
5. Mit dem Verse: „Unter dessen weiten…“ (AV. 7. 26. 3) schreitet (der Jaǵamâna aus seiner Hütte) heraus und begleitet das Heranführen der Somakrajaṇî-Kuh mit dem Verse: „Zum Himmel steige auf…“ (AV. 13. 1. 34).
6. Die Beopferung der (siebenten) Fusstapfe (der Somakrajaṇî) mit einer

---

11) A'çv. Gṛhj. 1. 8. 2.

14) Gop. Br. 1. 3. 23. Kauç. 11: *sârûpavatsaṃ purushagâtraṃ dvâdaçarâtraṃ saṃpâtavantaṃ kṛtvâ 'nabhimukham açnâti.*

1) Kâtj. Çr. 7. 1. 29, 30 cf. Schol.

2) Kâtj. Çr. 7. 5. 13—15. Çâṅkh. Çr. 5. 5: *prâjaṇîje 'shṭiḥ; pathjâṃ svastim agniṃ somaṃ savitâraṃ k'â 'ǵjenâ, 'ditiṃ k'aruṇa.*

3) Kâtj. Çr. 7. 5. 22.

4) Ueber das Wesen der *âhuti* s. A'p. Par. 87. 92. 95.

5) Kâtj. Çr. 7. 6. 13—16.

Homaspende (vollzieht der Adhvarju) mit dem Verse: „Die Stätte der Iḍâ..." (AV. 3. 10. 6).

7. Auf dem Felle, das sich über den Schalllöchern befindet, sichtet (der Jaǵamâna) den Soma mit dem Liede: „Ihm zu.." (AV. 7. 14), indem er Gold in der Hand hält.

8. Darnach recitirt er das Lied: „Er hat tausenderlei..." (AV. 7. 22).

9. Wenn der Kauf abgeschlossen ist, so entreisst (der Adhvarju dem Verkäufer) die (zu den Tauschgegenständen gehörige) Kopfbinde.

10. Den Vers: „Empor mit Lebenskraft..." (AV. 3. 31. 10) sprechend erhebt sich (der Jaǵamâna).

11. Und flüstert, während (der Soma von ihm) herbeigetragen wird, das Apratirathalied (RV. 10. 103).

12. Das nach dem Herantragen des Soma stattfindende Hinschaffen desselben auf seinen Sessel (Geleiten des Königs zu seinem Thron) begleitet (der Adhvarju) mit dem Liede: „Den beständigen Soma sammt dem beständigen..." (AV. 7. 94).

13. Bei der Bewirthung des Soma (*âtithjâ*), welche vor sich geht, wenn dieser (mit seinem Sessel) südlich von dem (A'havanîja)feuer hingesetzt ist, berühren (die Priester) die Opfergabe mit dem Liede: „Das Opfer eropferten durch das Opfer..." (AV. 7. 5).

14. (Als Bewirthung bringt der Adhvarju einen Opferkuchen) an Vishṇu (dar) mit dem Verse: „Des Vishṇu Thaten will ich..." (AV. 7. 26. 1).

15. (Die A'tithjeshṭi) schliesst mit einer Iḍâlibation.

16. In der Tânûnaptraschale theilt (der Adhvarju) fünfmal das Schmalz ab

---

6) Kâtj. Çr. 7. 6. 17, 18. A'p. Çr. 10. 23: *sakhâjah saptapadâ abhûma, sakhjaṃ te gamejaṃ, sakhjât te mâ joshâṃ, sakhjân me mâ joshṭhâ iti saptame pade ǵapati, bṛhaspatis tvâ sumne raṇvatv iti saptamaṃ padam adhvarjur añǵalinâ 'bhigṛhja pade hiraṇjaṃ nidhâja pṛthivjâs tvâ mûrdhann âǵigharmi 'ti hiraṇje hutvâ 'pâdâja hiraṇjaṃ devasja tvâ savituḥ prasava iti sphjam âdâja parilikhitaṃ rakshaḥ parilikhitâ arâtaja iti triḥ pradakshiṇaṃ padaṃ parilikhati.*

7) Kâtj. Çr. 7. 7. 8—10, 12, 13.

9) Kâtj. Çr. 7. 8. 27. Weber Ind. Stud. 10, 361.

10) Kâtj. Çr. 7. 9. 3.

11) Kâtj. Çr. 7. 9. 4.

12) Kâtj. Çr. 7. 9. 26—30.

13) Kâtj. Çr. 7. 9. 33; 8. 1. 1.

14) Kâtj. Çr. 8. 1. 2.

15) Kâtj. Çr. 8. 1. 18.

16) Gop. Br. 2. 2. 3. Kâtj. Çr. 8. 1. 4, 19, 20.

mit den Worten: „Dem Herrscher hier ergreife ich dich, dem Herrscher ringsum (ergreife ich) dich, dem Tanûnaptar dich, dem mächtigen dich, dem starken, gewaltigen dich.“ (VS. 5. 5a).

17. Dieses (Schmalz) berühren (alle Priester sammt dem Jaǵamâna).

18. Den folgenden Spruch (*jaǵus*), welcher das characteristische Wort ‘Weihe’ enthält: „Unangegriffen bist du, unangreifbar, der Götter Kraft, vor Verwünschungen behütend, keinen Verwünschungen ausgesetzt. Meiner Weihe möge der Herr der Weihe günstig sein, meiner Busse der Herr der Busse. Stracks will ich an das wahrhaftige herantreten; bringe mich zum Glück!“ (cf. VS. 5. 5b, 6) recitirt der geweihte (Jaǵamâna).

19. Nun spricht der Adhvarju zum A'gnîdhra: „O Agnîdh, wallet das Wasser?“

20. Der A'gnîdhra erwidert: „Es wallt das göttliche unsterbliche heilige!“

21. Darauf der Adhvarju: „So erhebe dich mit ihm!“

22. Der A'gnîdhra hebt (den Madantîkessel) mit Kuçabalmen (dh. mit einem aus solchen geflochtenen Stricke) auf.

23. (Der Brahman, Udgâtar, Hotar, Adhvarju, A'gnîdhra sammt dem Jaǵamâna) begeben, nachdem sie ihre Hände in dem Madantîwasser benetzt haben, das A'pjâjana (fasssen den Soma an) mit den Versen:
„Zweig für Zweig möge dir, o Gott Soma, schwellen für Indra,
den Gewinner der Ehrengabe.
„Dir möge Indra schwellen, du schwelle für Indra!

---

17) Kâtj. Çr. 8. 1. 25.

18) Gop. Br. 2. 2. 3. Zu §§ 16—18 A'p. Çr. 12. 1: *âtithjâjâ dhrauvât sruk'i k'amase vâ tânûnaptram samavadjati k'aturavattam pañk'âvattam vâ 'pataje tvâ gṛhṇâmî 'tj etaiḥ pratimantram, anâdhṛshṭam asî 'ti jaǵamânasaptadaçâ ṛtvigas tânûnaptram samavamṛçanti, anu me dikshâm iti jaǵamânaḥ.*

19) Kâtj. Çr. 8. 2. 11.

20) Kâtj. Çr. 8. 2. 12.

21) Kâtj. Çr. 8. 2. 13. Zu §§ 19—21 A'p. Çr. 12. 1: *agnîn madantj âpâ3 iti pṛk'k'hati, madanti devîr amṛtâ ṛtâvṛdha itj âgnîdhraḥ pratjâha, tâbhir udehî 'ti sampreshjati.*

22) Es ist diese Stelle wohl ein Beleg für den Uebergang der älteren ursprünglichen Bedeutung von *madantjas* ‘das wallende Wasser selbst’ in die jüngere ‘der dasselbe enthaltende Kessel’. Haug. Ait. Br. II. pag. 3, Anm. 3; 54, Anm. 21; dagegen Weber, Ind. Stud. 9, 215.

23) Kâtj. Çr. 8. 2. 6.

„Mache uns, deine Freunde, schwellen an Gewinn, Lebenskraft, Nachkommenschaft und Reichthum.

„Heil sei dir, o Gott Soma! Möge ich deine Kelterung zu Ende führen! (cf. VS. 5. 7a.)

24. Nachdem sie sich wiederum benetzt, heben sie die Hände und nehmen auf dem Prastara die Sühnhandlung (*nihnava*) vor, (indem sie die Hände auf denselben legen) mit dem Spruche: „Erwünschte Schätze, erwünschte Kostbarkeiten, dienend zu Kraft und Wohlstand (mögen uns) den Rechtredenden (zu Theil werden); Verehrung dem Himmel! Verehrung der Erde!" (cf. VS. 5. 7b.)

25. Nachdem (der Adhvarju) die Einleitungshoma zum Pravargja geopfert, setzt er sich südlich vom Gârhapatja nieder.

26. Nicht vollziehe man den Pravargja beim ersten Opfer (dh. wenn man zum ersten Mal Soma opfert); nach Belieben verfahre ein dem Studium obliegender, vedakundiger (Brâhmaṇa).

27. Nachdem er (den Mahâvîratopf mit der Milch) aufgesetzt hat, sagt der Adhvarju: „O Brahman, dürfen wir die Handlung mit dem Gharmatrank verrichten?"

28. Mit den Worten: „Verrichtet die Gharmahandlung!" giebt dieser die Erlaubniss.

29. Das Ganze (geht) mit lauter Stimme (vor sich), oder auch leise.

30. Während der Gharmatrank erhitzt wird, setzt sich (der Hotar) dazu.

Capitel 14.

1. „Den Gharma erhitze ich mit dem Strahl des Amṛta
„Als eine Gabe den Göttern, ein Geschenk dem Savitar.
„Die klare, gekochte Speise mögen die Götter geniessen,
„Die in ihren Mund geopfert wird an der Stätte des Nichtsterbens.

---

24) Kâtj. Çr. 8. 2. 7, 9. Ait. Br. 1. 26. Gop. Br. 2. 2. 4. A'p. Çr. 12. 1: *madantir upaspṛçja tânûnaptriṇo visraṃsja râjânaṃ sahiraṇjaiḥ pâṇibhir âpjâjajantj aṃçur aṃçus te deva somâ 'pjâjatâm itj, atha nihnuvate dakshiṇe vedjante prastaraṃ nidhâja, dakshiṇân pâṇîn uttânân kṛtrâ, sarjân nik'a eshṭâ râjaḥ preshe bhagâje 'ti.* Ebenso Çâṅkh. Çr. 5. 8.

26) Kâtj. Çr. 8. 2. 26; 3. 19 Schol. Gop. Br. 2. 2. 6. Çâṅkh. Çr. 5. 9: *apravargjaḥ prathamajajño, vikalpaḥ çrotrijasja.* Weber Ind. Stud. 9, 220.

27) Ait. Br. 1. 18. Gop. Br. 2. 2. 6. Kâtj. Çr. 26. 2. 11.

28. 30) Gop. Br. 2. 2. 6.

„Als Schützer der Götter geht der Gharma dahin.
„Recht erleuchtend erstrahlt das Amṛta;
„Als die goldfarbige Sonne, o Gott des Luftraumes, umwandelst du, der Gharma,
„Strahlend des Himmels Enden mit dem Blitze.

„Als Vaiçvânara umwandelt das Luftmeer der helle
„Gharma, strahlend und leuchtend mit Glanz;
„Meine Feinde verjagend, meine Nebenbuhler verbrennend,
„Erhob sich als Sonne zum Himmel der einsichtsvolle.

„Er leuchtet auf, leuchtet und leuchtet her,
„In den Wassern, der unsterbliche Gharma, sich erhebend,
„Der Tödter des Feindes, der Falben Abbild. —
„Tadellos sind der Sonne Erscheinungen.

„Gharma sei hinten und Gharma sei vorn!
„Ihm dem eisenzahnigen geben wir die Feinde preis.
„Vaiçvânara, sich kleidend in kaltes und hitziges Fieber,
„Tödte mir die Nebenbuhler und Feinde alle!

„Die Jahreszeiten, jede zu ihrer Zeit, erwärmt er durch seinen heiligen Spruch, der einzig vermögende Held,
„Der leuchtende Gharma, durch Brennholz entzündet;
„(Andererseits) erhitzt dich (den Gharma) der Spruch sammt Andacht und Feuersgluth.
„Der Gharma ist tausendfältig, durch Brennholz entzündet.
„Die Nebenbuhler seien meiner Botmässigkeit unterthan

„Alle meine Nebenbuhler möge die Sonne tödten, der gelbe Vaiçvânara.
„Der erhitzte Gharma verbrenne die feindlichen Gegner, der starke!
„Aufgehend tödte mir der leuchtende A'ditja, die Sonne, die Verächter!

(Dieses Gharmalied) nebst den Versen: „Das erhobene Andachtslied..." (AV. 4. 1. 1) und „Diese väterliche..." (AV. 4. 1. 2, recitirt der Hotar)

---

1) Gop. Br. 2. 2. 6, wo das Gharmalied nur mit den Anfangsworten citirt ist; dasselbe ist der Paippalâda Çâkhâ des Atharvan entlehnt. Roth,

nach Çastraweise in Halbversen, (jedoch) mit Unterlassung des (sonst vorgeschriebenen) Anrufs und der Antwort (des Adhvarju).

2. Den Spruch: „Glanz bist du..." (AV. 17. 1. 21) ruft er nach, wenn (der Gharma von dem Feuer) bestrahlt ist.

3. (Der Adhvarju) erhebt sich zum Melken der Kuh, welche die Gharmamilch liefert, (wenn der Hotar ihn) mit dem Verse: „Erhebt euch und blicket hin..." (AV. 7. 72. 1, hierzu auffordert).

4. Mit dem Verse: „Ich rufe herbei..." (AV. 7. 73. 7, ruft der Adhvarju) die Gharmakuh (heran).

5. Das unter dem Gharmaliede stattfindende Darbringen des Gharma (begleitet der Hotar) mit den zwei Versen: „Ueber dem 'Svâhâ!' gesprochen..." (AV. 7. 73. 3, 4).

6. Das Geniessen des Gharma geht nach dem Aussprechen und Wiederholen des Vashaṭrufes in der gleichen Weise vor sich, wie das des Molkentrankes.

7. Mit den Worten: „Gekocht ist die Darbringung, Süssigkeit ist die Darbringung für den Rossebesitzer; o Gharma, von dir, dem mit Süssigkeit, den Manen, den Vâǵin, dem Bṛhaspati, den Viçve devâs vereinten (geniesse ich)" (verzehren) beim Sattra Hotar, Adhvarju, Gṛhapati, Brahman, und Udgâtar (ihre Portion).

---

der Atharvaveda in Kaschmir, 23. Zum richtigen Verständniss des Liedes vergegenwärtige man sich die verschiedenen Bedeutungen und Beziehungen des Wortes *gharma*, mit welchen beständig gespielt wird: bald ist es der heisse Milchtrank selbst, an den sich das Lied wendet, bald der Begriff der Hitze, welche in der Sonne, im Feuer und in dem krankhaften Körperzustand, im Fieber *(çîtarûre)*, zur Erscheinung kommt.

2) Kâtj. Çr. 26. 4. 4.

3) Kâtj. Çr. 26. 5. 10, 11. A'çv. Çr. 4. 7. 4.

4) A'çv. Çr. 4. 7. 2, 4.

5) A'çv. Çr. 4. 7. 4.

6) Dh. wie dasselbe Vait. 8. 15, 16 beschrieben wurde. Kâtj. Çr. 26. 6. 20. A'çv. Çr. 4. 7. 4. A'p. Çr. 11. 11: *hotâ 'dhvarjur brahmâ pratiprasthâtâ 'gnîd jaǵamânaç k'a sarve pratjaksham, api vâ jaǵamâna eva pratjaksham, avaghreṇe 'tare hutaṃ havir madhu havir iti bhakshajitvo 'pajamanaṃ pratiprasthâtre prajak'k'hati, tad uk'k'hishṭakhare prakshâlja...*

7) Beim Sattra also tritt diese Modification in dem Vait. 8. 16 vorgeschriebenen gegenseitigen Anruf ein. Zu der Beziehung des Gṛhapati zum Sattra vgl. die Citate im PW. u. *gṛhapati*, besonders Çat. Br. 12. 1. 1. 1—5. — A'çv. Çr. 4. 7. 4. (Ait. Br. 1. 22. VS. 38. 16c).

8. Dann reinigen sich die priesterlichen Gehülfen nebst dem Gṛhapati auf dem übriggebliebenen Khara vermittelst der Reiniger.
9. Nach dreimaligem Recitiren des Verses: „In Folge guter Weide...“ (opfert der Adhvarju) die Schlusshoma.

Capitel 15.

1. Bei der Upasadfeier (bringt der Adhvarju) Spenden an Agni, Soma und Vishṇu (dar).
2. Nach dem mit dem Rufe 'Vashaṭ!' schliessenden feierlichen Anfassen des Soma *(âpjâjana)* nehmen (die Priester) die Sühnhandlung *(nihnava)* vor.
3. Wenn der Adhvarju sagt: „Agnîdh, zähle die Götterfrauen auf!“ so stellt sich der A'gnîdhra westlich vom Gârhapatjafeuer, mit dem Gesicht nach Osten gewendet hin und zählt die Götterfrauen auf ohne dabei eine Pause zu machen:

   „Pṛthivî ist Agnis Gattin, Vâk' Vâtas Gattin, Senâ Indras Gattin, Dhenâ Bṛhaspatis Gattin, Pathjâ Pûshans Gattin, Gâjatrî der Vasu Gattin, Trishṭubh der Rudra Gattin, Ǵagatî der A'ditja Gattin, Anushṭubh Mitras Gattin, Virâǵ Varuṇas Gattin, Paṅkti Vishṇus Gattin, Dîkshâ des Königs Soma Gattin.“
4. Beim Ausrufen der Subrahmaṇjâlitanei spricht er jedesmal leise die drei Verse: „Auf welcher das Sadas...“ (AV. 12. 1. 38—40).
5. Am Nachmittage finden nun die Gharma- (sva. Pravargja-) und Upasadfeiern statt; am folgenden Tage Vormittags und Nachmittags in dem Falle, dass eine Verbindung mit dem Upavasathatage vorliegt (dh. wenn dieser 'folgende Upasadtag' dem Upavasathatage, dem Vortage der Sutjâ, unmittelbar voraufgeht).
6. Drei solche Upasad sind für den Agnishṭoma, zwölf für eine mehrtägige Feier erforderlich.

---

8) Ebenfalls nur für das Sattra gültig. Kâtj. Çr. 26. 6. 21.

9) Kâtj. Çr. 26. 6. 23.

1) Kâtj. Çr. 8. 2. 32, 33. A'çv. Çr. 4. 8. 1, 6.

2) Kâtj. Çr. 8. 2. 34. A'çv. Çr. 4. 8. 9. Vait. 13. 23.

3) Gop. Br. 2. 2. 9. A'p. Çr. 12. 3: *agnîd devapatnîr vjâk'akshva, subrahmaṇja subrahmaṇjâm âhvaje 'tj apareṇa gârhapatjam âgnîdhra upaviçja devapatnîr vjâk'ashṭe sene 'ndrasja dhene 'ti.*

5) Kâtj. Çr. 8. 2. 15, 37; 3. 6. A'çv. Çr. 4. 8. 10, 12, 17. Weber, Ind. Stud. 10, 364.

6) Kâtj. Çr. 8. 2. 39, 40. A'çv. Çr. 4. 8. 13—15.

7. Den Vers: „Miss aus..." (AV. 13. 1. 27) spricht (der Adhvarju) dem die Vedi ausmessenden (A'gnîdhra) nach.

8. Mit dem Verse: „Auf welcher sie die Vedi..." (AV. 12. 1. 13, begleitet er) das Einfassen der Vedi.

9. Während das Feuer herbeigebracht wird, spricht er leise den Vers: „Agni, komm herbei..." (AV. 4. 14. 5) und setzt sich ausserhalb der Vedi nieder.*

10. Die Beopferung der Radspur des rechten Havirdhânawagens vollzieht er mit dem Verse: „Dies hat Vishnu..." (AV. 7. 26. 4); die des linken (der Pratiprasthâtar) mit dem Verse: „Drei Schritte..." (AV. 7. 26. 5).

11. Das Heranfahren der beiden Havirdhânawagen begleitet (der Hotar) mit den zwei Versen: „Von hier aus helft mir..." (AV. 18. 3. 38).

12. Mit dem Verse: „Des Vishṇu Thaten will ich..." (AV. 7. 26. 1) das Aufrichten der Stütze (für die Ueberdachung der Havirdhânawagen).

13. Mit dem Liede: „Ich halte euch, Himmel und Erde..." (AV. 4. 26) das Beopfern des Udumbarazweiges (im Mittelpunkte des Sadas).

14. Wenn der (Adhvarju) aufgefordert ist das Feuer und den Soma heranzugeleiten, so schreitet er auf dem Tîrtha zur Weiberhütte. — Es erstreckt sich das Tîrtha zwischen K'âtvâla und Utkara und führt nördlich an der Grenzlinie des A'gnîdhrîjafeuers sowie am Sadas vorbei.

15. Es beginnt (diese Handlung) mit dem Ausspülen des Mundes und schliesst mit dem Hinschauen.

16. Mit dem Halbverse: „Den König Soma..." (AV. 3. 20. 4ab) schreitet (der Adhvarju) dem Feuer und Soma, während sie herbeigebracht werden, nach.

17. Nach einem im A'gnîdhrîjafeuer zu opfernden Homa geht er im Norden

---

7) Kâtj. Çr. 8. 3. 6.
8) Vait. 2. 5.
9) Kâtj. Çr. 8. 3. 20.
10) Kâtj. Çr. 8. 3. 31, 34.
11) Kâtj. Çr. 8. 4. 1.
12) Kâtj. Çr. 8. 4. 9.
13) Kâtj. Çr. 8. 6. 8. A'çv. Çr. 4. 8. 28.
14) A'çv. Çr. 4. 10. 1.
15) Vait. 1. 19.
16) A'çv. Çr. 4. 10. 2, 5.
17) A'çv. Çr. 4. 10. 4.

am A'gnîdhrîja- und westlich am (A'havanîja)feuer vorbei und setzt sich auf seinen Platz.

18. Bei der nun stattfindenden Opferung des A'gnîshomîjathieres gelten die (Vait. 10) vorgeschriebenen Satzungen; hierdurch sind (alle) Thieropfer erklärt.

19. (Alle Thieropfer) schliessen mit den Patnîsaṃjâǵa.

Capitel 16.

1. Das Herumtragen des Vasatîvarîwassers (durch den Adhvarju) begleitet (der Hotar) mit dem Verse: „Den vollen (Krug), o Adhvarju, bringe herbei..." (Citat unbekannt).

2. Das Niedersetzen desselben im A'gnîdhrîja mit dem folgenden Verse und ausserdem mit: „Diese, welche..." (AV. 1. 4. 2).

3. Der geweihte (Jaǵamâna) bringt daselbst (im A'gnîdhrîja) die Nacht zu.

4. Im zweiten Theile der Nacht werden die Priester (von den Dienern des Jaǵamâna) geweckt und waschen sich mit Wasser in der Nähe des Çâlâdvârjafeuers.

5. Mit den Opferformen, welche mit '*havir upâvahṛta*' beginnen und mit '*vaiçvânaro 'gnishṭoma*' schliessen, opfert (der Adhvarju) vor dem Herantreten im A'gnîdhrîja.

6. Wenn von feindlicher Seite gleichzeitig ein Somaopfer angestellt wird

---

18) Kâtj. Çr. 8. 9. 7 fgg. A'çv. Çr. 4. 11. 1.

19) Schol. zu Kâtj. Çr. 8. 9. 6.

1) Kâtj. Çr. 8. 9. 17. A'çv. Çr. 4. 12. 8.

2) Kâtj. Çr. 8. 9. 18. *âgnîdhrija* sva. sonst *âgnîdhra* 4) n. PW.

3) Kâtj. Çr. 8. 9. 25. A'p. Çr. 12. 21: *âgnîdhre havirdhâne vâ jajamânaṃ ǵâgarajanti, prâǵvaṃçe patnim, âgnidhra etâṃ râtrim ṛtvijo vasanti, jajamâno râǵânaṃ gopajati.*

4) Kâtj. Çr. 9. 1. 1, 2. Das Çâlâdvârja nimmt beim Ǵjotishṭoma die Stelle des Gârhapatja ein. Kâtj. Çr. 8. 3. 30.

5) Ueber die Bedeutung des Compositums *havir... antâbhir* giebt auch Gop. Br. 2. 2. 10 (citirt vom Schol. zu Pâṇ. 3. 4. 16) keinen Aufschluss; *jaǵñatanû* steht ausser an den im PW. angegebenen Stellen noch A'p. Çr. 13. 1; 15. 17; 17. 6, überall *trajastriṃçatam âgnîdhre jaǵñatanûr ǵuhoti.* Kauç. 23: *jaǵûṃshi jaǵña iti navaçâlâjâṃ sarpirmadhumiçraṃ ǵuhoti, dosho gâje 'ti dvitîjâṃ, juktâbhjâṃ tṛtîjâṃ, ânumatiṃ Ḱaturthîm.*

6) *vishpardhâ* ist synonym mit *saṃsava* (s. dass. i. PW); der Ansteller eines gleichzeitigen Somaopfers heisst *savṛtasoma* Vait. 17. 7. Gop. Br. 2. 2. 11, 15. cf. *savṛtajaǵña* Gop. Br. 2. 2. 24.

(*vishpardhâjâm*, so opfert er) noch dazu unter Verwendung des Verses: „Die Sprüche beim Opfer..." (AV. 5. 26. 1) jedes Mal mit vier (Spenden?) vor dem Prâtaranuvâka.

7. (Der Hotar) geht nun südlich an diesem (dem A'gnîdhrîjafeuer) und westlich beim A'havanîjafeuer vorbei und setzt sich auf seinen Platz.

8. Wenn sich der Hotar gesetzt hat, so ruft (der Adhvarju) den Hotar mit dem Liede: „Wenn wir aus Unachtsamkeit..." (AV. 7. 106) und opfert die Einleitungshoma.

9. Die vier Lieder: „Schützt uns, Indra und Pûshan . . ." (AV. 6. 3—6) spricht (der Hotar) leise dem Prâtaranuvâka nach.

10. Die drei Lieder: „Die Mütter gehen..." (AV. 1. 4—6) dem Aponaptrîja.

11. Mit dem Verse: „O Indra erfreue dich..." (AV. 2. 5. 1) opfert (der Adhvarju), während die Pressung vor sich geht, dem König (Soma) die Pressungshoma; (dann) den Upâṃçugrahahoma und nach Sonnenaufgang mit dem Verse: „Die Sonne überschaut den Himmel..." (AV. 13. 1. 45) den Antarjâmahoma.

12. Dann geht er an den beiden Havirdhânawagen im Osten vorüber, setzt sich an dem Khara nieder und mischt unter Recitirung des Süssigkeitsliedes: „Von Himmel und Erde..." (AV. 9. 1) den Soma (mit Milch).

13. Mit dem Liede: „Dem Indra presst den Soma, Priester..." (AV. 6. 2) begleitet er (den Soma), wenn er sich im Droṇakalaça befindet (dh. das Umgiessen desselben in den Dr.).

14. Beim Mâdhjandina (dagegen) mit dem Verse: „Kräftig trinke..." (AV. 7. 76. 6).

15. Wenn (der Brahman die Worte) vernimmt: „O Brahman, der Soma ist übergelaufen!", so bespricht er denselben, indem er ihn anfasst, mit dem folgenden Verse:

„Es wurde der Gott Savitar uns nun preiswerth,
„Jetzt am Tage anzurufen von den Männern,
„Damit er, der die Schätze an die Menschen austheilt,
„Den besten Reichthum uns hier verleihe." (RV. 4. 54. 1).

16. Mit den sieben Versen: „Die Feuer, welche sich in den Wassern befinden..." (AV. 3. 21. 1—7) opfert (der Adhvarju) dazu.

17. Der Adhvarju, Pratiprasthâtar, Prastotar, Udgâtar, Pratihartar, Brah-

---

10) Ait. Br. 2. 20, II pag. 114 Anm. 4. Weber, Ind. Stud. 9, 224.

11) Kâtj. Çr. 9. 5. 11, cf. Schol.; 6. 1.

12) Kâtj. Çr. 9. 6. 9. — *çri, çrajati* anstatt *çrî, çrîṇâti*; die Vermengung der ersteren Wurzel mit *çrâ, çrâti* ist schon im PW. VII. 350 constatirt.

13) Kâtj. Çr. 9. 6. 26.

man und der Presser (dh. der Jaǵamâna) fassen sich alle zusammen an zum Bahishpavamânastotra, gehen dann auseinander und opfern die an die Somatropfen gerichteten Homa mit folgenden Versen: „Der Tropfen entglitt..." (AV. 18. 4. 28),

„Den Tropfen von dir, welcher entgleitet — auch den Schoss von dir —
„Durch das Schütteln mit den Armen aus des Bechers Schoosse,
„Oder aus der Seihe des Adhvarju,
„Den opfere ich dir mit Vashaṭ im Geiste. (RV. 10. 17. 12)
„Wenn du, der Tropfen, entfallend fortkommst von hier, herab und weg vom Opferlöffel,
„So möge (dich) der Gott Bṛhaspati hier wieder hinzugiessen zur Gabe. (verdorben aus RV. 10. 17. 13).
„Den Tropfen von dir, welcher zur Erde entfallen ist,
„Körnersoma, Reisspeise oder Brei, (cf. TS. 3. 1. 10. 1, 2)
„Den möge der Gott Bṛhaspati hier wieder hinzugiessen zur Kraft."
„Was mir entglitten ist..."

Capitel 17.

1. (Die im letzten § des vorigen Cap. genannten) setzen sich darauf südlich vom K'âtvâla nieder.
2. Das Lied: „Bei Abend singe..." (AV. 6. 1) leise recitirend, blickt (der Adhvarju) den Udgâtar an.

---

15. 16.) Uebereinstimmend mit Gop. Br. 2. 2. 12. Kauç. 57: *etajâ 'labhjâ 'bhimantrajate*, allerdings in anderem Zusammenhange, s. Vait. 12. 7 Anm.

17) Gop. Br. 2. 2. 12. Kâtj. Çr. 9. 6. 27—31. A'çv. Çr. 5. 2. 6. — *pâtito* sc. *pâti ito*. — A'p. Çr. 13. 16, 17: *drapsaç k'askanda, jas te drapso, jo drapso, jas te drapsa itj etaiḥ* (TS. 3. 1. 10. 1, 2) *pratimantraṃ vaiprushân homâñ ǵuhoti, prathamaṃ sarvatrâ 'nushaktam, uttarâṃs trîn vihṛtân anusavanam eke samâmananti; saptahotâraṃ manasâ 'nudrutjâ 'havanîje sagrahaṃ hutvo 'dañk'aḥ prahvâ bahishpavamânâja pañk'a rtviǵaḥ samanvârabdhâḥ sarpanti* |16| *adhvarjuṃ prastotâ 'nvârabhate, prastotâraṃ pratihartâ, pratihartâram udgâto, 'dgâtâraṃ brahmâ, brahmâṇaṃ jaǵamâno; jadj u vai svajaṃ hotâ jaǵamânaḥ sjât, sarped evau 'pagâtraṃ hj asje 'ti bahvṛk'abrâhmaṇaṃ bhavati.* Çâñkh. Çr. 8. 15: *jas te drapsaḥ skandati, drapsaç k'askande 'ti viprushâṃ homaḥ.* — Der Vers '*jan me skannam*' findet sich Kauç. 6 und lautet daselbst:

jan me skannaṃ manaso ǵâtavedo jad vâ skandad dhavisho jatrajatra utprushaḥ viprushaḥ saṃǵuhomi satjâḥ santu jaǵamânasja kâmâḥ svdhâ!

1) Kâtj. Çr. 9. 6. 33 Schol.

2) Kâtj. Çr. 9. 6. 35. A'çv. Çr. 5. 2. 7.

3. Nach der Aufforderung zum Stotra (von Seiten des Adhvarju) redet der Prastotar den Brahman (und den Maitrâvaruṇa) an: „O Brahman, dürfen wir singen? O Praçâstar?

4. Darauf recitirt (der Brahman) folgende Sprüche: „Zügel bist du, zur Herrschaft (bestimmen wir) dich; fördere die Herrschaft! Von Savitar angetrieben singet dem Bṛhaspati! O Gott Savitar, dies sagt er dir an; das betreibe du und bringe dar! Nach dem *âjus*-Verse höre nicht auf zu singen bis zum Sâman Tanûpâ! Verwirklichen mögen sich eure Wünsche, verwirklichen sich eure Vorsätze! Sprechet recht und wahr! O Bṛhaspati mit Anumati! *Om, bhûs, ǵanat!* Als mit Indra vereinte..." und giebt dann mit dem Worte: 'Singet'! (bei dem Prâtaḥsavana) in der schwächsten Tonstärke die Erlaubniss (zum Singen des Stotra); in mittlerer (Tonstärke) beim Mâdhjandina; in der lautesten beim Tṛtîjasavana.

5. (Für das beim Prâtaḥsavana vorgeschriebene 'Singet' tritt) '*bhuvas*' beim Mâdhjandina und '*svar*' beim Tṛtîjasavana (ein).

6. Beim Ukthja usw. (dh. noch beim Shoḍaçin, Vâǵapeja, Atirâtra, Aptorjâma) und bei einer mehrtägigen Somafeier treten zu den genannten Sprüchen noch die Formeln: „*Om, bhûs, bhuvas, svar, ǵanat, vṛdhat, karat, ruhat, mahat, tak' kh'am om!*" hinzu.

7. Für den Fall, dass zwei Feinde gleichzeitig ein Somaopfer anstellen, spreche (der Brahman) noch ausser den (§ 4 genannten) Stomabhâgasprüchen wiederholt leise die folgenden: „Singet zur Erquickung! Singet zur Stärkung!" Singet auf Geheiss des Gottes Savitar! (TS. 3. 2. 7. 1f). Den Bṛhaspati rufen wir euch, den Praǵâpati euch, die göttlichen Vasu euch, die göttlichen Rudra euch, die göttlichen A'ditja euch, die göttlichen Sâdhja euch, die göttlichen A'ptja euch, die Viçve devâs

3) Kâtj. Çr. 9. 6. 36—38. A'çv. Çr. 5. 2. 11. Lâtj. Çr. 5. 11. 2.

4) A'çv. Çr. 5. 2. 12—14. Lâtj. Çr. 5. 11. 1fgg. Kâtj. Çr. 9. 6. 18—20. A'p. Çr. 15. 10: *raçmir asi kshajâja tvâ kshajaṃ ǵinvo 'ṃ stute 'ti prasauti, sarvastotrâṇâm esha kalpaḥ.* Zu §§ 3, 4 Çâṅkh. Çr. 6. 8: *dakshiṇato brahmâ maitrâvaruṇaçk'o 'pavîçja brahman stoshjâmaḥ praçâstar itj uktâv âjushmatja ṛk'o mâ gâta tanûpâḥ sâmnaḥ, stuta devasja savituḥ prasava iti ǵapitvo, 'ṃ stute 'ti prasavaḥ sarveshâṃ stotrâṇâm.* TS. 4. 4. 1. 1; 3. 2. 7. 1. Gop. Br. 2. 2. 14, woselbst auch *apa-gâ.* Kauç. 108: *samîk'i mâ 'hanî pâtâm âjushmatjâ ṛk'o mâ satsi, tanûpât sâmno vasuvidaṃ lokam anusaṃk'arâṇi.* Weber, Ind. Stud. 10. 373 Anm. 3.

5) A'çv. Çr. 5. 2. 13.

6) Gop. Br. 2. 2. 14.

euch, die Sarve devâs euch von überall her. Unseren Leuten gehöre (der Soma) ausschliesslich an; hier verleihe er uns Macht!" und blicke dabei auf den Brahman der Feinde hin.

8. Die Sprüche: „Des Gepriesenen Preis bist du, ein labe- und saftreicher! Labung möge mir der Preis zumelken! Her zu mir komme des Gepriesenen Preis! Kraft besitzend rufen wir, melken wir, herbei Kinder und Lebensfrische. Dieser Wunsch möge sich mir bei den Göttern verwirklichen! Geistlichen Vorrang lasse er mir zu Theil werden!" (cf. TS. 3. 2. 7. 1, 2) spricht er dem Stotra nach.

9. Das Lied: „Indras Bauch..." (AV. 7. 111), wenn der Soma in den Pûtabhṛt gegossen ist.

10. (Bei dem Prâtaḥsavana) heisst er, wenn das Bahishpavamâna(stotra) gesungen ist, (den Jaǵamâna) den Vers: „Ein Falke bist du..." (AV. 6. 48. 1) zu sprechen; beim Mâdhjandina den Vers: „Ein Stier bist du..." (AV. 6. 48. 3; beim Tṛtîjasavana), wenn das A'rbhava (stotra gesungen ist), den Vers: „Ein Ṛbhu bist du..." (AV. 6. 48. 2).

11. Die Anubrâhmaṇin verwenden (an dieser Stelle) die im Brâhmaṇa vorgeschriebenen (Dinge?).

12. Nun (zum Schluss des Bahishpavamâna) sagt der Adhvarju (zum A'gnîdhra): „O Agnîdh, vertheile die Feuer, streue das Barhis, mache die Puroḍâça zurecht.

Capitel 18.

1. Der A'gnîdhra nimmt mit Kohlen aus dem A'gnîdhrîjafeuer für die beiden (ersten) Savana — mit Holzspähnen für das Tṛtîjasavana —,

---

7) Hierdurch wird auf der feindlichen Seite der Brahman, der Jaǵamâna, sowie das Opfer und auch das ganze Land hinfällig. Gop. Br. 2. 2. 15. Nur fragt man sich, wenn durch diese überaus einfache Praxis ein solcher Erfolg erzielt werden konnte, warum die gleiche nicht auch von dem Brahman der Gegenpartei ausgeübt werden mochte!

9. 10) Kâtj. Çr. 9. 7. 4, cf. Schol. 22. 6. 4.

12) Die mangelhafte Aussprache '*barhi stṛṇihi*' ist überall überliefert. Kâtj. Çr. 9. 7. 5. Gop. Br. 2. 2. 16. A'p. Çr. 13. 17: *stute 'dhvarjuḥ sampreshjatj agnîd agnîn vihara, barhi stṛṇâhi* (sic), *puroḍâçân alaṅkuru itj; athai 'keshâm* (sc. Kâtjâjana) *stuta uttishṭann âhâ 'gnîd agnîn vihara, barhi stṛṇîhi, puroḍâçân alaṅkuru, pratiprasthâtaḥ paçune 'hî 'ti sampraishavat kurvanti.*

1) Kâtj. Çr. 9. 7. 6. Gop. Br. 2. 2. 16. A'p. Çr. 13. 18: *âgnîdhrâd dhishṇijân viharatj angârair dve savane, çalâkâbhis tṛtîjam; pâṃsum dhi-*

das Gesicht nach Westen gewendet, die Vertheilung in die Dhishṇja des Hotar, Maitrâvaruṇa, Brâhmaṇâk'kh'aṃsin, Potar, Neshṭar, Ak'k'hâvâka und in den Mârǵâlîja(dhishṇja) vor.

2. Daselbst (dh. auf die verschiedenen Dhishṇja) giesst er nach (?).

3. Dann streut er den Grat der Vedi entlang (das Barhis) hin und macht die Opferkuchen zurecht.

4. Mit den Sprüchen: „Die vertheilten Feuer auf den Dhishṇja, die Erde entlang, die mögen uns schützen, die mögen uns helfen! Verehrung ihnen! Sie mögen uns nicht verletzen!" begleitet er die Vertheilung (der Feuer in die Dhishṇja beim Prâtaḥsavana); bei den beiden folgenden Savana mit dem Liede: „Wieder möge zu mir kommen Kraft..." (AV. 7. 67); (und zwar befindet er sich dabei) westlich vom A'havanîjafeuer; so ist die Vorschrift.

5. Die erwählten (Priester) opfern die Wahl-A'huti mit den Sprüchen: „Wohlgefällig möge ich der Vâk' sein, wohlgefällig dem Vâk'aspati! O göttliche Vâk', was der Rede süssestes ist, dazu mögest du mir verhelfen! Svâhâ! Der Vâk' Svâhâ! Dem Vâk'aspati Svâhâ! Der Sarasvatî Svâhâ! (cf. TS. 3. 1. 10. 1a); das vierte (Opfer) nur in Gedanken.

6. Einige schreiben sieben (solche) A'huti vor mit Verwendung folgender (weiterer) Sprüche: „Dem Sarasvant Svâhâ! Den Mahas Svâhâ! Den Sammahas Svâhâ! Mit dem gesprochenen Vers vereinige das gesungene Lied..." (TS. 3. 1. 10. 1b).

7. Wenn (das Savanîjathieropfer) mit dem Abwischen der Netzhaut beendigt ist, so erheben sich (die Priester und der Jaǵamâna) und

---

shṇijeshu nivapati; tenâ 'nupûrvjeṇa jathâ njuptâ bhavanti, prak'araṇjâṃ pañk'agṛhîtaṃ gṛhîtvâ droṇakalaçâk' k'a pariplavajâ râjânaṃ purastât pratjaññ âsîno dhishṇijân vjâghârajati.

2) Kauç. 62: *aditer hastâṃ, sarvânt samâgâ iti mantroktaṃ; tata udakam âdâja pâtrjâm ânajati darvjâṃ kumbhjâṃ darvikṛte, tatrai 'va pratjânajati;* ebenso 68.

3) Kâtj. Çr. 9. 7. 7.

5) Kâtj. Çr. 9. 8. 16. A'çv. Çr. 5. 3. 12. Zu §§ 5. 6 Gop. Br. 2. 2. 17. A'çv. Çr. 3. 1. 14. A'p. Çr. 12. 20: *pravṛtaḥpravṛtaḥ pravṛtahomau juhoti jushṭo vâk'o bhujâsam, ṛk'â stomam itj etâbhjâm.* Çâñkh. Çr. 6. 9: *pravarânupûrveṇa pravṛtâhuti juhvati jushṭo vâk'o bhûjâsaṃ, jushṭo vâk'aspater, devi vâg jat te vâk'o madhumattamaṃ tasmin no adja dhât, svâhâ sarasvatjâ iti pûrvâṃ, tûshṇîm uttarâm.*

7) Kâtj. Çr. 9. 8 18. A'çv. Çr. 5. 3. 13, 14.

wenden sich mit dem Verse: „Den auf des Himmels Höhe..." (AV. 13. 2. 37) verehrend zur Sonne.

8. Mit dem Verse: „Nicht wollen wir fortgehen..." (AV. 13. 1. 59) schreiten sie heran und richten an das A'havanîjafeuer, den Platz, wo das Feuer entrieben wird, den Opferpfosten und die Sonne folgende Sprüche: „Ihr Feuer seid gepriesen mit gepriesenem Namen. Mit eurer rudrischen Erscheinung schützt mich, ihr Feuer! Rettet mich, ihr Feuer! Behütet mich! Verehrung sei euch! Nicht verletzt mich!" (cf. VS. 5. 34b).

9. Dann gehen sie im Norden am A'gnîdhrîja vorbei zum Sadas.

10. Und zwar begeben sich diejenigen Priester, welche einen Dhishṇja besitzen, (dh. Hotar, Maitrâvaruṇa, Brâhmaṇâk'k'haṃsin, Potar, Neshṭar, Ak'k'hâvâka und A'gnîdhra), sowie der Jaǵamâna durch das östliche Thor zu demselben, die übrigen durch das westliche.

11. Wenn sie im Begriff stehen sich zum Sadas zu begeben, so erweisen sie den Dhishṇja Verehrung mit den Worten: „Den Dhishṇja Verehrung, Verehrung!"

12. „Dem Zuschauer Verehrung!" sprechen sie, wenn sie sich dem Zuschauer, „dem Zuhörer Verehrung!" wenn sie sich dem Zuhörer nahen.

13. Dann treten sie zum K'âtvâla und Utkara, zu dem Çâmitrafeuer, der zur Verbergung des Unraths bestimmten Stätte, dem Ort, wo das Bahishpavamâna gesungen wird, dem A'gnîdhrîja und dem Platz, von wo sich der Ak'k'hâvâka vernehmen lässt, ferner zum Mâr-

---

8) A'çv. Çr. 5. 3. 15. *'nirmanthjo nâma jatrâ 'gnir mathjate sa deçaḥ'* Schol.

9) A'çv. Çr. 5. 3. 18. Zu §§ 8. 9 Çâṅkh. Çr. 6. 13: *agnajaḥ sagarâḥ sagarâ stha, sagareṇa nâmnâ raudreṇâ 'nîkena pâta mâ, 'gnajaḥ piprta mâ, namo vo astu, mâ mâ hiṃsishṭe 'ti sarvân adhvano; adhipatir asi, svasti no 'djâ 'smin devajâne pathi sjâd iti âditjam upasthâja maitrâvaruṇaprabhṛtaja udaṅk'o 'k'k'hâvâkaṃ parihâpja pûrvajâ dvârâ sadaḥ prasarpanti.*

10) A'çv. Çr. 5. 3. 21, 22. Kâtj. Çr. 11. 1. 22, 23.

11) Gop. Br. 2. 2. 18.

12) Gop. Br. 2. 2. 19. Es ist nicht ersichtlich, wer unter dem Drashṭar (unten und sonst Upadrashṭar) und Upaçrotar, sowie unter dem § 15 genannten Anukhjâtar zu verstehen sei. Die Beziehung der Brâhmaṇa (Gop. Br. aaO., Ait. Br. 7. 24) und der TS. (3. 3. 8. 5) auf das Feuer, den Wind und die Sonne sind hier doch wohl kaum zulässig.

13) A'çv. Çr. 5. 3. 15—17. S. wegen *ûvadhjagoha* PW. u. *ûvadhja* und *goha.*

ǵâlîja, zum Khara und den übrigen Dhishṇja, indem sie den Spruch: „Ihr Feuer seid gepriesen..." (VS. 5. 34b) recitiren.

14. Mit den Worten: „Zum weiten Luftraum eile!" berühren sie das Sadas und mit dem Spruche: „Göttlich sind die Thore; nicht mögen mich einklemmen (die beiden Flügel; cf. VS. 5. 33e) Freiheit verleiht mir, ihr Freiheitschaffer!" die Thürpfosten.

15. Nachdem sie sich mit den Worten: „Dem Erkenner Verehrung!" dem Erkenner genaht haben, dann im Norden um die Dhishṇja herumgegangen sind, verfügen sie sich, ein jeder zu seinem Dhishṇja und wenden sich mit: „Dem Zuschauer Verehrung!" zu dem Zuschauer.

16. Darauf setzen sie sich und flüstern das Stotra: „Zu dir, Indra..." (AV. 6. 99).

17. Der im Sadas südlich vom Brahman sich befindende Jaǵamâna spricht nach dem Hersagen der das Stotra begleitenden Sprüche bei sich: 'G'anat!'

18. So lange (das Savana) noch währt, gehen sie durch das östliche Thor heraus (auf den ihnen für diese Zeit vorgeschriebenen Platz, *visaṃsthitasaṃk'ara*) im Norden von eines jeden Dhishṇja; diejenigen, welche keinen eigenen Dhishṇja haben, zu dem des Maitrâvaruṇa.

Capitel 19.

1. (Der Adhvarju bringt) von den Savanîjapuroḍâça diejenigen, welche Indra gehören, (dar).

2. Darauf die beiden Homa des (ersten) von den (nun zu schöpfenden) Dvidevatja(graha, nämlich) des Aindravâjava(graha) mit den Versen: „Vâju ist des Luftraums..." (AV. 5. 24. 8) und: „Den Indra und Vâju..." (AV. 3. 20. 6).

---

14) Kâtj. Çr. 9. 8. 19, 20. A'çv. Çr. 5. 3. 18, 19. Çâṅkh. Çr. 6. 12: *âgnîdhraṃ prapaçjamânâḥ sadaç k'o 'parj abhimṛçanti divas pṛshṭham asi, mâ mâ saṃtâpsîr itj, ṛtasja dvârau mâ mâ saṃtâptam iti dvârjau saṃmṛçjo 'ttareṇâ 'gnîdhrîjaṃ dhishṇjaṃ gak'k'hanti.*

15) S. Anm. zu § 12.

16) Kâtj. Çr. 11. 1. 24—26.

18) A'çv. Çr. 5. 3. 28, 29. Kâtj. Çr. 11. 1. 27, 28. Çâṅkh. Çr. 6. 13: *asaṃsthite savane parajâ dvârâ niḥsarpantj, uttareṇa hotur maitrâvaruṇasja dhishṇjâv adhishṇjânâṃ visaṃsthitasaṃk'ara, uttareṇa svaṃsvaṃ dhishṇjaṃ dhishṇjavatâm.*

1) Kâtj. Çr. 9. 9. 6.

2) Kâtj. Çr. 9. 9. 13, 14. A'çv. Çr. 5. 5. 1, 2.

3. (Die beiden Homa) des Maitrâvaruṇa(graha) mit dem Verse: „Mitra und Varuṇa sind des Regens..." (AV. 5. 24. 5).
4. Die des A'çvina(graha) mit dem Halbverse: „O ihr Açvin, um der Andacht willen..." (AV. 5. 26. 12ab).
5. Wenn der Adhvarju im Begriff ist, die Handlungen mit den Prasthita (Somaschalen) vorzunehmen, so lässt er folgende Aufforderungen ergehen: „O Hotar, sprich die Jâǵjâ! O Praçâstar (Maitrâvaruṇa, sc. sprich die Jâǵjâ)! O Brâhmaṇâk'k'haṃsin! O Potar! O Neshṭar! O Agnîdh!"
6. Mit dem Verse: „O Indra, dich den starken..." (AV. 20. 1. 1) thut dies der Brâhmaṇâk'k'haṃsin; mit den beiden folgenden (AV. 20. 1. 2, 3) der Potar und A'gnîdhra.
7. Die Endsilben dieser Jâǵjâ sind zu plutiren.
8. Die beiden Formeln *'je3 jaǵâmahe'* und *'vau3shaṭ!'* sind mit plutirten Anfangssilben (dh. *je* und *vau*) zu Beginn und Ende (der Jâǵjâ) ohne Pause (hinzuzufügen).
9. Dem Vashaṭrufe am Prâtaḥsavana fügt (der Hotar) den Spruch an: „Stimme und Kraft, Macht und Kraft sei in mir, Einathmen und Ausathmen!"
10. Den endplutirten Spruch: „Den Soma, o Agni, geniesse!" verwenden sie als Nachruf des Vashaṭrufes.
11. Den Indra geweihten Homa mit dem Çukra (opfert der Adhvarju), den mit dem Manthin (der Pratiprasthâtar) und den mit den K'amasa (die K'amasâdhvarju) unter Recitation des Verses: „Indra ist des Himmels..." (AV. 5. 24. 11).
12. Ausserdem (opfern Praçâstar, Brâhmaṇâk'k'haṃsin, Potar, Neshṭar und A'gnîdhra) die an die Nachrufe des Vashaṭ (s. § 10) sich an-

---

3. 4) A'çv. Çr. 5. 5. 12. Schol. zu Kâtj. Çr. 9. 9. 20.

5) Kâtj. Çr. 9. 11. 7, 8. A'çv. Çr. 5. 5. 13. A'p. Çr. 13. 23: *saṃpreshjati: hotar jaǵa, praçâstar iti vâ; 24: brahman jaǵe 'ti dvitîje saṃpreshjati, potar jaǵe 'ti tṛtîje, neshṭar jaǵe 'ti k'aturthe, 'gnîd jaǵe 'ti pañk'ame.*

6) Gop. Br. 2. 2. 21. A'çv. Çr. 5. 5. 15—17.

8) Haug, Ait. Br. II. 133. Anm. 11.

9) Kâtj. Çr. 9. 11. 19. Ait. Br. 3. 8.

10) A'çv. Çr. 5. 5. 19. Vait. 4. 4.

11) Kâtj. Çr. 9. 10. 1, 2. A'p. Çr. 13. 22: *tataḥ çukrâmanthibhjâṃ prak'aratah; stuto 'si ǵanadhâ, devâs tvâ çukrapâḥ praṇajante iti çukram adhvarjur âdatte, stuto 'si ǵanadhâ, devâs tvâ manthipâḥ praṇajante iti manthinaṃ pratiprasthâtâ, k'amasâṃç k'amasâdhvarjavaḥ.*

12) Schol. zu Kâtj. Çr. 9. 11. 8.

schliessenden Nachhoma für Mitra-Varuṇa, Indra, die Marut, Tvashṭar und Agni mit dem Verse: „Auf der Götter Pfade..." (AV. 18. 59. 3).

13. Wenn dieses letzte Opfer durch den Agnîdh vollzogen ist, so spricht der Adhvarju: „Es opferte der Agnîdh!" „Er opferte!" erwidert dieser.
14. Nach der früher gegebenen Anweisung (8. 15; 14. 6) findet das Geniessen der Iḍâspeise statt.
15. Im Sadas geniessen sie den Soma unter Anruf, (im übrigen) wie beim Prâçitra (3. 7—12).
16. (Dieser Anruf lautet beim Prâtaḥsavana), nachdem sie (auf den Soma) hingeblickt und denselben genommen haben: „Von dir, dem im Feuer geopferten, Indra zum Trunk dienenden, kräftigen Tropfen, dessen Genuss Rinder, Rosse, Schätze, Nachkommen und Freiheit erwirbt, von dir, dem angerufenen, geniesse ich, angerufen, mit dem Gâjatrîmetrum um Macht und geistlicher Würde willen!"
17. (Für das Wort 'Gâjatrî)' ist 'Trishṭubh' beim Mâdhjandina zu substituiren, 'Gagatî' beim Tṛtîjasavana, 'Anushṭubh' bei den Parjâja, Paṅkti' bei den Sandhik'amasa (?), 'Atik'k'handas' bei dem Aptorjâman.
18. Wenn sie genossen haben, so berühren sie ihren Körper und sprechen dazu folgende Verse:

„Sei heilsam unserm Magen, wenn du getrunken bist, o Tropfen,
„So hold, o Soma, wie ein Vater dem Sohne,
„Wie ein Freund dem Freunde beständig, o weithin gepriesener!
„Unser Leben mögest du, o Soma, verlängern! (RV. 8. 43. 4).

und „Fördere meine Glieder, o Falbenherr, meine Schaaren lass nicht zu Schaden kommen!
„Mir hold nahe dich den sieben Ṛshi, zu mir herbei komme mit den Götterfrauen! (sonderbare Verderbniss von TS. 3. 2. 5. 3).

---

13) Kâtj. Çr. 9. 11. 10. A'çv. Çr. 5. 5. 25, 26. Çâṅkh. Çr. 7. 4: *ajâḷ agnîd itj ukte 'jâḷ itj âgnîdhraḥ.*
14) Kâtj. Çr. 9. 12. 16.
15) Kâtj. Çr. 9. 11. 11—13; 12. 3.
16) Kâtj. Çr. 25. 12. 6.
17) Kâtj. Çr. 25. 12. 7. cf. fgg. Zu der Form *aptorjâman* neben *•jâma* s. PW. Nchtr. I.
18) Kâtj. Çr. 9. 12. 4. Gop. Br. 2. 3. 6. Ait. Br. 7. 33. A'p. Çr. 13. 24: *râg gushâṇâ somasja tṛpjatv iti sarvasomânâṃ bhakshaṇaṃ eke samâmananti, râg devi somasja tṛpjatv iti vâ, hinva me gâtrâ harivа iti bhakshajitvâ nâbhideçân abhimṛçante.*

19. Sie fassen die Somaschalen an mit den Versen: „Schwelle..." (RV. 1. 91. 17) und „Zusammen möge dein Saft..." (RV. 1. 91. 18).

20. Darüber handelt auch folgender Çloka:

„Fünfmal berühre die Schalen beim Opfer der Priester,
„Ebenso beim A'ǵja- und Marutvatîjaçastra; Dasselbe gilt auch durchaus für die Prasthitaschalen.

21. (Ein K'amasâdhvarju opfert) den Indra-Agni gebührenden Homa aus der Schale des Ak'k'hâvâka.

22. Wenn (die Priester nun ihre Iḍâspeise) geniessen, so geschieht dies im A'gnîdhrîja.

23. Nachdem sie sich im Sadas niedergesetzt, laden sie in der Reihenfolge, wie die Aufforderung an sie ergeht, die Ṛtu mit den Jâǵjâ: „Die Marut sollen aus der Potarschale..." (AV. 20. 2) ein.

Capitel 20.

1. Mit der ersten und letzten (dieser vier Jâǵjâ, AV. 20. 2. 1—4, ladet) der Potar (ein), mit der zweiten der A'gnîdhra, mit der dritten der Brâhmaṇâk'k'haṃsin.

2. (Nach der Darbringung der zwölf Ṛtugraha) fordert der seinerseits hierzu angewiesene Jaǵamâna (den Hotar) auf: „O Hotar, sprich die Jâǵjâ!"

3. (Bei den Ṛtugraha) unterlassen sie den (Vait. 19. 10 vorgeschriebenen) Nachruf des Vashaṭ.

4. Das besagt folgender Çloka:

„Die Dvidevatja-, Ṛtujâǵa und den Pâtnîvatagraha,
„Den A'ditja- und Sâvitragraha (sc. schöpfe man oder ähnl.).
Diese werden nicht von dem Vashaṭ-Nachrufe begleitet.

5. (Der Adhvarju) opfert die (zwölf) Ṛtuhoma für Indra, die Marut,

---

19) Gop. Br. 2. 3. 6. Kâtj. Çr. 9. 12. 5. A'çv. Çr. 5. 6. 27.

21) Kâtj. Çr. 9. 12. 13.

22) Kâtj. Çr. 9. 12. 16.

23) Kâtj. Çr. 9. 12. 18; 13 1 Schol. A'çv. Çr. 5. 8. 1—4.

2) Kâtj. Çr. 9. 13. 16. *atipra-ish* (im PW. unbelegt, aber noch A'p. Çr. 15. 34) bedeutet 'eine Aufforderung erhalten und diese einem Weiteren zu Theil werden lassen.'

3) Schol. zu Kâtj. Çr. 9. 13. 12. — Bei den Dvidevatjagraha ist der Nachruf des Vashaṭ verboten Ait. Br. 2. 28, bei den Ṛtugraha 2. 29. — A'p. Çr. 13. 24: *sarvatrâ 'nuvashaṭkâro dvidevatjartugrahâditjasâvitrapâtnîvatavarǵam.*

5) Kâtj. Çr. 9. 13. 19 cf. Schol.

Tvashṭar, Agni, (wiederum) Indra, Mitra-Varuṇa,- vier für Draviṇodas, für die Açvin und (Agni) Gṛhapati.

6. (Darauf) geniessen (die Priester) aus der Ṛtuschale, streichen oder riechen an derselben mit den Worten: „Wer bist du? Ruhm bist du; Ruhmgeber bist du; verleihe mir Ruhm!"

7. Sie empfangen die Nârâçaṃsaschalen schweigend und geniessen (den Soma am Prâtaḥsavana) mit dem Spruche: „Von dir, der du von Narâçaṃsa getrunken bist, o Gott Soma, und von den Männern gepriesen, der du den Sinn erkennst; der du von den U'mavätern genossen bist, von dir, dem angerufenen geniesse ich, angerufen."

8. Beim Mâdhjandina ist (für 'U'ma') 'U'rva' einzusetzen, beim Tṛtîjasavana 'Kâvja'.

9. Mit dem Spruche: „Den Verstand rufen wir nun herbei..." (TS. 1. 8. 5. 2) rufen sie dazu den Verstand herbei.

10. Fünfmal geniessen sie die Nârâçaṃsaschalen.

11. Das besagt folgender Çloka:

> Fünfmal geniesse er die Schalen jedesmal bei dem Nârâçaṃsatrunk
>
> „Bei den ersten Çastra des Hotar vor dem A'gnimâruta(çastra).

12. Nach dem A'ǵjaçastra (schöpft der Adhvarju) den Aindrâgna(graha).

13. Dann fordert (der Brahman) den Hotar zum Recitiren des dem Praugastotra (correspondirenden Çastra) auf mit dem Spruche: „Anheben bist du; dem Gesetze (bestimme ich) dich; fördere das Gesetz!" den Maitrâvaruṇa mit dem Spruche: „Nachfolgen bist du; dem Himmel (bestimme ich) dich; fördere den Himmel!"; den Brâhmaṇâk'k'haṃsin mit dem Spruche: „Vereinigung bist du; dem Luftraum (bestimme ich) dich; fördere den Luftraum!"; den Ak'k'hâvâka mit dem Spruche: „Wiederansetzen bist du; der Erde (bestimme ich) dich; fördere die Erde!" (TS. 4. 4. 1. 1).

---

6) Kâtj. Çr. 9. 13. 21.

7. 8) Kâtj. Çr. 9. 13. 35. Ait. Br. 7. 34. Çâṅkh. Çr. 7. 5: *devo 'si narâçaṃso, jat te medhaḥ svar ǵjotis, tasja ta ûmaiḥ pitṛbhir bhakshitasjo 'pahûtasjo 'pahûto bhakshajâmi 'ti bhakshamantraḥ prâtaḥsavane; nârâçaṃsânâm ûrvair iti mâdhjandine vikâraḥ, kâvjair iti tṛtîjasavane.*

9) Kauç. 88: *jan na idaṃ pitṛbhiḥ saha mano bhût, tad upâhvajâmi 'ti mana upâhvajati;* cf. 89 Anfang.

12) Kâtj. Çr. 9. 13. 33.

13) *pra-su* wird im Vait. nur von der Aufforderung des Brahman — es ist etwas apodictischer, als das *pra-ish* des Adhvarju — gebraucht und stets mit dem Dativ construirt (s. den Wortindex).

14. Nach dem Praügaçastra (des Hotar schöpft der Adhvarju) den Vaiçvadeva(graha; nach dem Çastra) des Maitrâvaruṇa den Maitrâvaruṇa(graha; nach dem) des Brâhmaṇâk'k'haṃsin (schöpft der Pratiprasthâtar) den Aindra(graha; nach dem) des Ak'k'hâvâka den Aindrâgna.

15. Der Brâhmaṇâk'k'haṃsin lässt nach dem letzten Pratihâra dreimal den Laut '*hiṅ*' erschallen und ruft den Adhvarju mit (dem A'hâva): '*çaṃsâvom!*' (beim Prâtaḥsavana) an.

16. Den Laut „*hiṅ*" (verwendet er) zum Anurûpa (der Gegenstrophe des Stotrijatṛk'a), zum Haupttheil des Uktha, zum Schlussvers und zum Pragâtha.

17. Am Mâdhjandina unterlassen einige den Jonivers.

18. (Bei diesem lautet der an den Adhvarju gerichtete Anruf) zum Stotrija: '*adhvarjo çaṃsâvom!*'; beim Tṛtîjasavana: '*adhvarjo çaṃçaṃsâvom!*'

19. Auf die (genannten) A'hâva erwidert der Adhvarju: '*çaṃsâvo daiva!*'

20. '*Othâmo daiva!*' (fügt er ein) bei einer Pause (in der Recitation des Hotar); '*om othâmo daiva!*' beim Aussprechen der Silbe '*om*'; '*om*' zum Schluss der Çastra, wenn die Recitation der Uktha vollständig beendigt ist.

---

14) Kâtj. Çr. 9. 14. 1, 9, 15.

15) Hier übernimmt also der Brâhmaṇâk'k'haṃsin, der Gehülfe des Hotar bei der Recitation (s. Weber, Ind. Stud. 10, 375) diese sonst dem Hotar selbst vorgeschriebene Function. Gop. Br. 2. 3. 10. Haug, Ait. Br. II. 141 Anm. 1. A'çv. Çr. 5. 9. 1, 2; 10. 2. Kâtj. Çr. 9. 13. 28 Schol. — *uttamât pratîhârât* auch Gop. Br. 2. 5. 3.

16) *ukthamukha*, ausser an den andern Stellen des Vait. noch Ait. Br. 2. 35, 37. Gop. Br. 2. 3. 14—16, bedeutet ursprünglich 'Anfang des Uktha' bezeichnet aber in der Folge sachlich 'das eigentliche Uktha, das Hauptstück desselben'.

17) A'çv. Çr. 6. 5. 21, 22. Dass *joni* abbreviirte Bezeichnung des Verses „*ajaṃ te jonir...*" (RV. 3. 29. 10) war, geht aus *ajonika* (s. PW.) hervor. Vgl. *sâjaṃprâtaḥkâle utpâdanajogjo joniḥ* (hier das Gârhapatjafeuer) Mahîdh. zu VS. 3. 14.

18) Haug aaO. Gop. Br. 2. 3. 10; 4. 18. A'çv. Çr. 5. 14. 3.

19) Gop. Br. 2. 3. 10. Sonst *çoṃsâmo daiva* TS. 3. 2. 9. 5. A'p. Çr. 13. 27 (in den Taitt. Büchern *daïva*). A'çv. Çr. 5. 9. 5. Haug, Ait. Br. II. 177 Anm. 2.

20) Kâtj. Çr. 9. 13. 29—31. A'çv. Çr. 5. 9. 7—10. Zu §§ 19. 20 A'p. Çr. 13. 27: *adhvarjo çoṃsâvom iti hotur abhijñâja pradakshiṇam âvartamânaḥ çoṃsâmo daïve 'ti pratjâhvajate, çoṃsâmo daïve 'ti va, ṛtupâtraṃ dhâ-*

21. (Wenn der Adhvarju dem Hotar zuruft:) „Om, du bist ein Uktharecitator! Lade ein als Uktharecitator!", so schliesst dieser das Çastra dem (voraufgehenden) Sâman unmittelbar an, (und zwar recitirt er dasselbe) halbversweise, (beim Prâtaḥsavana) mit leiser Stimme, mit stärkerer beim Mâdhjandina, mit allerstärkster beim Tṛtîjasavana; mit immer lauterer, so laut er irgend vermag, bis zur Beendigung.

Capitel 21.

1. Das Lied: „Komm herbei, wir haben dir gepresst..." (AV. 20. 3) ist der Stotrija(tṛk'a); „Komm herbei zu uns, den Somabereitern..." (AV. 20. 4) der Anurûpa(tṛk'a, die Gegenstrophe, für den Brâhmaṇâk'k'haṃsin).

2. „Er möge zu dir, o thätiger..." (AV. 20. 5, 6) ist der Hauptttheil des Uktha; „Empor zu dem Gabenberühmten..." (AV. 20. 7) der Parjâsa (das Endstück); der letzte Vers desselben der Schlussvers (*paridhânîjâ*).

3. Dreimal recitirt er den ersten und dreimal den letzten Vers.

4. Beim Recitiren nach Halbversen fügt er die Silbe '*om*' an den Schluss des Verses an, wobei er (die Schlusssilbe des Verses), von dem Vocal an ausfallen lässt; beim Recitiren nach Pâda (fügt er) nur den Buchstaben '*m*' an den Schluss des Halbverses und des ganzen Çastra (an).

5. (Nach Beendigung des Çastra am Prâtaḥsavana) spricht er: „Das

---

rajamâṇah sadobile pratjañ tishṭhan pratigṛṇâti, prahvo vau, 'thâmo daïve 'tj ardhark'eshv om othâmo daïve 'tj avasâneshu praṇava, evâ 'nta othâmo daïvaṃ hotar modaïvam othâmo daivom iti vikalpante.

21) Gop. Br. 2. 3. 10; 5. 3, 4. Ait. Br. 3. 44. A'çv. Çr. 5. 14. 16. Kâtj. Çr. 9. 13. 33. A'p. Çr. 14. 16: *âçrâvjapratjâçrâvite saṃpreshjatj ukthaçâ jaja somânâm iti.* Weber, Ind. Stud. 9, 260.

1) A'çv. Çr. 5. 10. 28. Jedes Çastra ist durch Stotrija- und Anurûpatṛk'a einzuleiten. A'çv. Çr. 5. 10. 18. — Gop. Br. 3. 3. 14. cf. Vait. 20. 15.

2) Vait. 20. 16 Anm. Nach Gop. Br. 2. 3. 14. ist AV. 20. 7. 4 Jâģjâ, nicht Paridhânîjâ; nach der § 6 gegebenen Regel schliesst die Recitation des Çastra mit einer noch auf die Paridhânîjâ folgenden Jâģjâ.

3) Eine sehr häufig erwähnte Praxis: Gop. Br. 2. 3. 11. Ait. Br. 1. 13, 16, 28, 30; 2. 12, 19, 37. Schol. zu Kâtj. Çr. 3. 1. 12 usw.

4) Kâtj. Çr. 19. 7. 5, 6. A'çv. Çr. 6. 4. 4. Lâṭj. Çr. 6. 10. 16. Gop. Br. 2. 3. 11.

5) Haug, Ait. Br. II. 177 Anm. 3. Weber, Ind. Stud. 9, 260.

Çastra-Uktha ist recitirt!"; am Mâdhjandina: „Das Uktha ist für Indra recitirt!"; am Tṛtîjasavana: „Das Uktha ist für Indra und die Götter recitirt."

6. Nach der Vollziehung der Uktharecitation ist ein Schlussvers (*paridhânîjâ*) erforderlich; auf denselben folgt noch ein Geleitvers (*jâǵjâ*).

7. Nachdem der Ak'k'hâvâka genossen hat, bringt (der Adhvarju) je nach dem Savana mit den einzelnen Versen der folgenden drei Lieder: „Agni möge beim Prâtaḥsavana..." (AV. 6. 47) „Ein Falke bist du..." (AV. 6. 48) und „Wie der Soma beim Prâtaḥsavana.." (AV. 9. 1. 11—13) eine A'ǵjaspende dar.

8. (Darauf) die Schlusshoma.

9. Jedesmal nach Abschluss des Savana weist (der Brahman den Jaǵamâna) an, den Spruch: „Bei mir sei Glanz, bei mir Macht, bei mir Ruhm, bei mir alles!" zu sprechen.

10. Wenn (die Priester) zum Mâdhjandina aufgefordert sind, so begeben sie sich, das A'gnîdhrîja verlassend, zu dem Udumbaraast (im Mittelpunkte des Sadas) durch das westliche Thor; der Jaǵamâna durch das östliche.

11. (Der Adhvarju opfert dann) die Einleitungshoma.

12. Das Pressen des Soma usw. ist beschrieben.

13. Zum Pavamâna(stotra) begeben sie sich in das Sadas.

14. Der angeredete (Brahman) lässt (hier) seine Aufforderung mit folgendem Spruche ergehen: „Stütze bist du; dem Regen (bestimme ich) dich; fördere den Regen!" (TS. 4. 4. 1. 1).

15. Wenn sich bei der Vertheilung (des Feuers auf die einzelnen Dhi-

---

6) So Vait. 22. 14; 25. 11; 26. 7, 10. Ait. Br. 2. 40, 41. A'çv. Çr. 6. 2. 12. Dazu vgl. die Regel: 'Der Jâǵjâ gehen die Endstücke des Uktha (die Parjâsa) voraus'. A'çv. Çr. 6. 4. 9.

7) Dh. am Prâtaḥsavana mit AV. 6. 47. 1; 48. 1; 9. 1. 11, beim Mâdhjandina mit AV. 6. 47. 2; 48. 2; 9. 1. 12, beim Tṛtîja mit AV. 6. 47. 3; 48. 3; 9. 1. 13.

9) Gop. Br. 1. 5. 15. Kâtj. Çr. 13. 1. 12. Kauç. 68: *maji vark'o atha jaça iti brahmâ jaǵamânaṃ vâk'ajet.*

10) In dieser Weise modificirt sich hier das für das Prâtaḥsavana Vait. 18. 9 fgg. vorgeschriebene Sarpaṇa. — Kâtj. Çr. 10. 1. 1. A'çv. Çr. 5. 11. 1, 6.

12) Dh. die für das Prâtaḥsavana gegebenen Bestimmungen gelten auch hier. Kâtj. Çr. 10. 1. 4.

13) Kâtj. Çr. 10. 1. 17.

14) Vait. 20. 13.

15) Lâṭj. Çr. 2. 7. 9.

shṇja) ein Priester, welcher einen eigenen Dhishṇja hat, ausserhalb desselben befindet, so begiebt er sich zu diesem und spricht leise das Lied: „Um dich herum, o Agni..." (AV. 7. 71) dazu.

16. Dasselbe gilt für den Brahman.

17. Der geweihte (Jaǵamâna) spricht, wenn er ausserhalb der Vedi sich befindend angeredet wird, oder über ihm, (während er sich von diesem ihm vorgeschriebenen Platz entfernt hat), die Sonne auf- oder untergeht, den Vers: „Dem Agni rufet herbei..." (Citat unbekannt).

18. Mit dem Verse: „Gekocht ist, meine ich..." (AV. 7. 72. 3, opfert der Adhvarju) den Dadhigharmahoma.

19. Das Verzehren (des Restes desselben) findet in derselben Weise statt, wie beim Gharma.

20. Mit dem Geniessen des Saftes findet das des Paçupuroḍâça statt.

21. Der Vers: „So trinke nun..." (AV. 20. 8. 1) ist die Jâǵjâ zur Darbringung der Prasthitaschalen.

22. Die Prasthitahoma (bringt der Adhvarju) Indra (dar).

23. (Darauf) im Gârhapatja die beiden Schenkungshoma mit den Versen: „Es führen ihn empor..." (AV. 13. 2. 16) und „Leuchtend hat der Götter..." (AV. 13. 2. 34).

24. Gold in der Hand haltend erhebt sich der Jaǵamâna und geht den als Opferlohn bestimmten, ausserhalb der Vedi herbeikommenden, Kühen entgegen mit dem Liede: „Heran kamen die Kühe..." (AV. 4. 21).

25. Gold giebt er einem A'treja; dem A'gnîdhra eine Decke.

26. Das Heraustreiben der mit dem Vordertheil zum Gârhapatja, mit dem Hintertheil zum Sadas gewendeten Kühe, welches zwischen dem A'gnîdhrîja, dem Sadas und K'âtvâla nach Norden hin stattfindet, be-

---

17) Vait. 12. 3.

18) Kâtj. Çr. 10. 1. 20. A'çv. Çr. 5. 13. 6.

19) Vait. 14. 6. Kâtj. Çr. 10. 1. 25.

20) Kâtj. Çr. 10. 1. 26, 27. *rasaprâçanî* f. = *°prâçana*, noch Vait. 30. 6 und Kauç. 21: *rasaprâçanîrasakarmâṇi kurute.*

22) Kâtj. Çr. 10. 2. 2.

23) Kâtj. Çr. 10. 2. 4—6; darnach, wie man auch hier erwarten sollte, im Çâlâdvârjafeuer; s. Vait. 16. 4 Anm. — A'p. Çr. 18. 2: *dâkshiṇau homau hutvâ...*

24) Kâtj. Çr. 10. 2. 10.

25) Kâtj. Çr. 10. 2. 20, 21. Gop. Br. 1. 2. 17; 2. 3. 19.

26) Gop. Br. 2. 3. 17. Kâtj. Çr. 10. 2. 13.

gleitet er mit den beiden Versen: „Zusammen treibe euch..." (AV. 3. 14. 2).

Capitel 22.

1. Bhâgali (jedoch schreibt an Stelle des 21. 26 genannten) den Vers: „Auf welcher die ersten schöpferischen..." (AV. 12. 1. 39, vor); Kauçika den Vers: „Hier mögt ihr sein..." (AV. 3. 8. 4).
2. Zuletzt ist (der Lohn) dem Pratihartar zu geben.
3. (Der Adhvarju opfert) den Marutvatîjahoma mit dem Verse: „Indra möge mich mit den Marut..." (AV. 18. 3. 25).
4. Nach der das (Marutvatîja) Çastra abschliessenden Jâģjâ fordert (der Brahman) den Hotar und seine Gehülfen mit folgenden Sprüchen (zur Recitation des Nishkevaljaçastra) auf: „Hinwehen bist du; dem Tage (bestimme ich) dich; fördere den Tag! Nachwehen bist du; der Nacht (bestimme ich) dich; fördere die Nacht! Bereitwillig bist du; den Vasu (bestimme ich) dich; fördere die Vasu! Erkenntniss bist du; den Rudra (bestimme ich) dich; fördere die Rudra!" (TS. 4. 4. 1. 1, 2).
5. Mit Anschluss an das Nishkevalja- (das zweite Mâdhjandina-) Çastra (schöpft der Adhvarju) den Mâhendra(graha).
6. Es folgt der von Seiten des Praçâstar und der anderen Gehülfen des Hotar zu recitirende Spruch an Indra.
7. „Ihn, den wunderthätigen, widerstandskräftigen..." (AV. 20. 9. 1, 2) ist der Stotrija; „Um die Heldenkraft gehe ich dich an..." (AV. 20. 9. 3, 4) der Anurûpa.
8. Aus diesen (je) zwei Versen macht er (je) drei, (um den Tṛk'a herzustellen), durch Wiederholung (und zwar in folgender Weise):

Wenn er den ersten Vers recitirt hat, stellt er den zweiten her durch Wiederholung des letzten Pâda, zu dessen Schluss er absetzt, und durch Vereinigung desselben mit dem (ersten) Halbverse des folgenden (dh.

---

2) Kâtj. Çr. 10. 2. 39. Gop. Br. 2. 3. 19.

3) Kâtj. Çr. 10. 3. 1 fgg. A'çv. Çr. 5. 14. 1, 2.

5) Kâtj. Çr. 10. 3. 10, 11, 20.

6) Wohl sva. sonst *indranihava pragâtha* A'çv. Çr. 5. 14. 5; s. PW. u. *nihava*; vgl. Schol. zu Kâtj. Çr. 10. 3. 20.

8) Das Schema ist also:

Stotrija- und Anurûpatṛk'a.		Ursprüngliche Verse.
1	=	1 a—d.
2	=	1 d+2ab.
3	=	2 b+2cd.

Çâṅkh. Çr. 7. 25: *bârhatânâṃ bṛhatîṃ çastvo 'ttamaṃ pâdaṃ dviḥ pra-*

des ursprünglichen zweiten Verses); den dritten Vers durch Wiederholung des letzten Pâda von diesem (Vers 2 des entstehenden Tṛk'a) und Vereinigung desselben mit dem zweiten Halbverse (des ursprünglichen zweiten Verses).

9. Dieses ist die Methode (die einzelnen Verse unter einander) zu verschlingen bei den Stotrija und Anurûpa im Bṛhatîmetrum.

10. (Der Stotrija) ist mit halblauter, (der Anurûpa) mit sehr lauter Stimme zu recitiren.

11. Der Sâmapragâtha: „Es erheben sich die süssesten..." (AV. 20. 10) mit richtiger Hervorhebung der Accente (nicht monoton).

12. Der Haupttheil des Uktha: „Indra, der Burgenzerbrecher, überwand..." (AV. 20. 11), pâdaweise, mit ganz verhüllter (dh. leiser und undeutlicher) Stimme.

13. „Es erhoben sich die Andachtslieder flugs..." (AV. 20. 12) ist der Parjâsa.

14. Den Vers: „Den Indra nun..." (AV. 20. 12. 6) recitirt er als Paridhânîjâ, den folgenden als Jâǵjâ.

15. Nachdem der Ak'k'hâvâka genossen hat, (opfert der Adhvarju) mit den zwei Versen: „Was wir, o Götter, für eine Götterbeleidigung..." (AV. 6. 114. 1, 2) den Homa mit dem A'ditjagraha, an welchen sich das Sarpaṇa (Vait. 18. 9 fgg.) zum Behuf des Pavamâna(stotra) anschliesst.

16. Das Hinzugiessen der A'çirmilch in den Pûtabhṛt begleitet er mit dem Verse: „Die A'çirmilch möge uns Kraft..." (AV. 2. 29. 3).

17. Die Aufforderung zum Pavamâna ertheilt (der Brahman) mit dem Spruche: „Suditi bist du; den A'ditja (bestimme ich) dich; fördere die A'ditja!" (cf. TS. 4. 4. 1. 2).

---

tjâdâjâ 'vasâjâ 'rdhark'eno 'ttarasjâḥ praṇutja dvitîjam pâdam dviḥ pratjâdâjâ 'vasâjo 'ttamenâ 'rdhark'ena praṇauti tâs tisro bṛhatja, uttamam kakubhaḥ pratjâdatte, satobṛhatjâ dvitîjam, tâs tisraḥ kakubhaḥ stotrijatvâd anurûpatvâd vâ (cf. Vait. 25. 4, 5). Gop. Br. 2. 3. 20. Ait. Br. 3. 17. A'çv. Çr. 5. 15. 5—7.

10—12) Gop. Br. 2. 3. 22. Ait. Br. 3. 24 cf. Uebers. — *prativîta* part. perf. pass. von *prati-vjâ*.

14) Vait. 21. 6.

15) Kâtj. Çr. 10. 4. 13—15; cf. Schol. zu 10. 5. 1. — Hiermit beginnt das Tṛtîjasavana.

16) Kâtj. Çr. 10. 5. 3.

17) Kâtj. Çr. 10. 5. 5 Schol.

18. (Der Adhvarju opfert) einen Avadânahoma für Agni (am Agnishṭoma).
19. Für Indra-Agni am Ukthja, für Indra am Shoḍaçin, für Sarasvatî am Atirâtra.
20. Bei einer Elfzahl von Opferthieren (bringt er die Homa dar) für Agni, Soma, Vishṇu, Sarasvatî, Pûshan, Bṛhaspati, die Viçve devâs, Indra, Indra-Agni, Savitar und Varuṇa.
21. Nach der Opferung des Savanîjathieres (opfert er) mit den hierzu gehörigen Jâǵjâ: „O Indra und Bṛhaspati, trinket den Soma..." (AV. 20. 13. 1—3) die Prasthitahoma für Indra, Mitra-Varuṇa, Indra-Bṛhaspati, die Marut, Tvashṭar, Indra-Vishṇu und Agni.
22. Im Havirdhâna legen sie, ein jeder auf seine Somaschale, südlich von ihren Sitzen drei (für die Manen bestimmte) von einem Puroḍâça genommene Ballen nieder mit dem Verse: „Dieses gehört dir, o Urgrossvater..." (AV. 18. 4. 75).
23. Nachdem (der Jaǵamâna?) den Vers: „Hier, o ihr Väter..." (VS. 2. 31) geflüstert hat, recitirt er darnach folgende: „Diesen Antheil..." (AV. 6. 122. 1), „Diesen, o ihr Stätten..." (AV. 6. 123. 1), „Der Falke, der auf die Männer schaut..." (AV. 7. 41. 2).

Capitel 23.

1. Im A'gnîdhrîja verzehren sie den von der Darbringung übrig gebliebenen Rest.
2. (Der Adhvarju opfert) den Homa mit dem Sâvitragraha.
3. Nach der das Vaiçvadeva(çastra) abschliessenden Jâǵjâ und dem Homa

18) Kâtj. Çr. 9. 8. 2. — Ein Avadânahoma ist die ins Wasser, nicht ins Feuer, vorzunehmende Opferung von Herz, Zunge, Brust usw. des Opferthiers. Kâtj. Çr. 1. 1. 16 cf. Schol.

19) Kâtj. Çr. 9. 8. 3—5; hiernach bleibt das Thieropfer der voraufgehenden Saṃsthâ immer mitbestehen, so dass für den Atirâtra alle vier, §§ 18, 19 genannten, gelten. Die gleiche Auffassung wird hier durch das fehlende *k'a* (s. Schol. zu Kâtj. Çr. 9. 8. 3) unmöglich gemacht.

20) S. PW. u. *ekâdaçin*, ferner Kâtj. Çr. 8. 8. 27.

21) Kâtj. Çr. 10. 5. 9.

22) Kâtj. Çr. 10. 5. 11. Zu §§ 22. 23 A'çv. Çr. 5. 17. 5. Çâṅkh. Çr. 8. 2: *jathâk'amasam dakshiṇatas trîṃstrîn piṇḍân upâsjantj atra pitaro mâdhajadhvaṃ jathâbhâgam âvṛshâjadhvam iti piṇḍepiṇḍe.* Kauç. 30: — — *trîn puroḍâçasaṃvartâṃç k'atushpathe k'a kshipjâ 'vakirati.*

1) A'çv. Çr. 5. 17. 6. Schol. zu Kâtj. Çr. 10. 5. 13 (pag. 813, 7).

2) Kâtj. Çr. 10. 6. 1, 2. A'çv. Çr. 5. 18. 1.

3) Kâtj. Çr. 10. 6. 3, 14, 16, 18. A'çv. Çr. 5. 18. 2; 19. 7. Gop. Br. 2. 4. 5.

in den Dhishṇja opfert *(jaǵati)* der A'gnîdhra von dem (durch den Pratiprasthâtar geschöpften) Pâtnîvata(graha) unter leiser Recitirung des Verses: „Herbei mit diesen, o Agni...." (AV. 20. 13. 4).

4. Den Homa dieses (Graha opfert der Adhvarju).

5. (Der A'gnîdhra) setzt sich auf den Schooss des Neshṭar oder am Ende der Dhishṇja (dh. bei seinem eigenen) nieder und geniesst (seine Portion).

6. (Der Brahman) fordert den Hotar auf, (das) dem Agnishṭomasâman (correspondirende Çastra zu recitiren), mit dem Spruche: „Kraft bist du; den Vätern (bestimme ich) dich; fördere die Väter!" (TS. 4. 4. 1. 2).

7. Das (durch den Pratiprasthâtar vollzogene) Herabgiessen des Dhruva(graha in die Schale des Hotar) begleitet er mit dem Liede: „Den beständigen Soma sammt dem beständigen..." (AV. 7. 91).

8. Den Homa zu der das A'gnimâruta(çastra) endigenden Jâǵjâ (bringt) mit dem Liede: „Herbei zu diesem angenehmen Opfer..." (RV. 1. 19) der hierzu aufgeforderte A'gnîdhra (dar); so ist die Vorschrift.

9. Den Homa, des Hârijoǵana(graha dagegen der Adhvarju) mit dem Liede: „Herbei mit den schnaubenden..." (AV. 7. 117).

10. Und damit schreiten sie heraus.

11. Im A'gnîdhrîja opfert (der Adhvarju) die Sarvaprâjaçk'ittahoma.

12. (Darauf legen) alle Holzspähne in das (A'havanîja)feuer mit folgenden Sprüchen: „Eines von den Göttern begangenen Frevels Sühnung bist du; Svâhâ! Eines von den Vätern begangenen, von den Menschen begangenen, von uns selbst begangenen, von einem Unbekannten oder Bekannten begangenen (Frevels Sühnung bist du)" (cf. VS. 8. 13), ferner mit dem Verse:

---

4) Kâtj. Çr. 10. 6. 19.

5) Gop. Br. 2. 4. 5. Kâtj. Çr. 10. 6. 20, 24. A'çv. Çr. 5. 19. 8. Zu §§3—5 Çâṅkh. Çr. 8. 5: *agnît pâtnîvatasja jaǵe 'tj ukta ai 'bhir agne saratham itj upâṃçu jaǵatj, abhakshajitvâ graham âdâja pûrvajâ dvârâ sadaḥ prapadjo 'ttarato neshṭâram upopaviçjo 'pasthe vâ neshṭur upahvajasve 'tj ukto bhakshajitvo 'pasprçja jathai 'taṃ pratjetja.*

6) Vait. 20. 13.

7) Kâtj. Çr. 10. 7. 7, 8.

8) A'çv. Çr. 5. 20. 2. Kâtj. Çr. 10. 7. 10 Schol.

9) Kâtj. Çr. 10. 8. 1.

11) Çâṅkh. Çr. 8. 8: *âgnîdhrîje prâjaçk'ittâhutîr ǵuhvati.* Sonst geschieht dies auch im A'havanîjafeuer. PW.

12) Kâtj. Çr. 10. 8. 6. Çâṅkh. Çr. 8. 9: *pañk'apañk'a çakalân âdadhata âtmakr-*

„Welche schwere Beleidigung wir euch, ihr Götter mit der Zunge
„Oder aus Unachtsamkeit des Geistes zugefügt,
„Dem Unfrommen, welcher uns nachstellt,
„Rechnet, ihr guten, diese als Schuld an! (RV. 10. 37. 12).

und dazu noch mit den beiden zur Sühnung einer Beleïdigung gegen die Götter dienenden Liedern (AV. 6. 114, 115).

13. (Dann) nehmen sie aus dem Droṇakalaça Gerstenkörner, (welche dem Soma zugemischt wurden) in die Hand und streuen sie dorthin, wo die Asche (des A'havanîjafeuers) aufhört.

14. Im Westen vom K'âtvâla giessen sie ihre Somaschalen, nachdem diese vom Adhvarju ins Wasser gesetzt sind, unter Recitation eines Vishṇuverses aus.

15. Mit dem Verse:

„Beide sind wir weise und gebunden (in unserer Verpflichtung) nach der Wahrheit und dem Gesetz;
„Der Satzung des Wahren gemäss heben wir die Gemeinschaft auf."

heben (die Priester und der Jaǵamâna) die Gemeinschaft auf (dh. lösen sich von der durch und seit dem Tânûnaptra — Vait. 13. 16. — bestehenden eidlichen, gegenseitigen Verpflichtung).

16. Mit (dem gleichen) Verse, in welchem (nur anstatt „heben wir die

---

tasjai 'naso 'vajaǵanam asi, manushjakṛtasjai 'naso 'vajaǵanam asi, pitṛkṛtasjai 'naso 'vajaǵanam asi, devakṛtasjai 'naso 'vajaǵanam asi, jak' k'â 'ham eno vidvâṃç k'akâra jak' k'â 'vidvâṃs tasja sarvasjâ 'vajaǵanam asî 'ti.

13) Gop. Br. 2. 4. 6. Kâtj. Çr. 10. 8. 5. Lâtj. Çr. 2. 11. 10—13. ('wo die Asche aufhört, nachdem die Paridhihölzer verbrannt sind'). Çâṅkh. Çr. 8. 8: — — *âhavanîjasja bhasmânte dhânâ njupja.*

14) Gop. Br. 2. 4. 6. Kâtj. Çr. 10. 8. 7. Zu §§ 12—14 A'p. Çr. 14. 17: *jan ma âtmano mindâ 'bhûd iti mindajâ 'havanîjam upatishṭhante, devakṛtasjai 'naso 'vajaǵanam asi manushjakṛtasjai 'naso 'vajaǵanam asi pitṛkṛtasjai 'naso 'vajaǵanam asj âtmakṛtasjai 'naso 'vajaǵanam asj anjakṛtasjai 'naso 'vajaǵanam asj enasa enaso 'vajaǵanam asî 'tj âhavanîje (shaṭshaṭ) çakalân abhjâdhâjai 'kadhanapariçesheshu hariṇîr dûrvâḥ prâsja samplomnâja* (sic! *samplomnâje 'ti pitrjâjâm vjâkhjâtaṃ; saṃpronmṛǵje 'ti jâvat* Rudradatta) *tirikṛtja jathâk'amasaṃ ṛǵînîjâ 'pareṇa k'âtvâlam âstâve vâ pratjañk'aç k'amasinaḥ svaṃsvaṃ k'amasaṃ rasam avaghreṇa bhakshajantj apsudhautasja soma deva iti.*

15) A'çv. Çr. 6. 12. 12.

16) Der Begriff des Ahargaṇa umfasst die Ahîna und Sattra. A'p. Par. 139 Anm.

Gemeinschaft auf") „stellen wir die Gemeinschaft wieder her" eintritt, stellen sie bei einem mehrtägigen Somaopfer vor der letzten (Handlung?) die Gemeinschaft wieder her.

17. Im A'gnîdhrîja essen (alle Priester) die saure Milch mit dem Verse: „Des Dadhikrâvan..." (AV. 20. 137. 3).

18. Nach Vollziehung der Patnîsaṃjâǵa setzt sich (der Jaǵamâna) an das Çâlâmukhîjafeuer.

19. (Dann) geht (der Adhvarju) auf dem für die den Opferlohn bildenden Kühe bestimmten Wege westlich beim A'havanîjafeuer vorüber und bringt nach den Samishṭajaǵusopfern die (eigentlichen) Schlusshoma dar.

20. Bei der mit dem Verse: „In den Wassern ist deine..." (AV. 6. 80. 3) in das Wasser zu opfernden Avabṛtha-Ishṭi (bringt der Adhvarju) die Einleitungs-, die Sâvika-, die Schlusshoma und einen für Varuṇa bestimmten (dar), und zwar unter Verwendung der Verse: „Du, o Agni, fördere unser..." (AV. 3. 20. 5) und „Du mögest uns..." (AV. 20. 46. 3).

21. (Die genannte Ishṭi) schliesst nach einigen mit (dem Geniessen) der Iḍâspeise und den Anujâǵa.

22. Die (zum Somaopfer verwendeten und also) von dem Soma benetzten Gegenstände beopfert er mit saurer Milch unter Recitation des Verses: „Es wurde der Gott..." (RV. 4. 54. 1), der beiden Drapsaverse (RV. 10. 17. 12, 13) und der im folgenden genannten: „Was von dir der Pressstein..."

---

17) Kâtj. Çr. 10. 8. 9. A'çv. Çr. 6. 12. 12. Zu §§ 15—17 A'p. Çr. 14. 18: *dadhikrâvṇo akârisham itj âgnîdhre dadhidrapsân bhakshajantj, ubhâ kavî juvânâ satjâ tâ dharmaṇaspatî | satjasja dharmaṇaspate vi sakhjâni sṛǵâmaha iti tânûnaptriṇaḥ sakhjâni visṛǵante.*

18) Kâtj. Çr. 10. 8. 10; 9. 8.

19) Kâtj. Çr. 10. 8. 11. — *dakshiṇâsaṃk'ara* = *dakshiṇâpatha.*

20) Kâtj. Çr. 10. 8. 24, 25. A'çv. Çr. 6. 13. 3.

21) Kâtj. Çr. 10. 8. 30. A'çv. Çr. 6. 13. 4. — *eke* wird zuweilen ohne vorgefügtes *iti* an den Schluss eines Satzes gestellt, wenn derselbe auch kein verbum finitum enthält; so Vait. 27. 17; 30. 12. A'çv. Çr. 6. 14. 8 usw.

22) Kâtj. Çr. 10. 9. 5. (10. 8. 12 Schol.). Wegen der genannten Verse s. Vait. 16. 15, 17; *drapsavant* in der Bedeutung „das Wort 'Tropfen' enthaltend" noch A'p. Çr. 14. 20: *saumîbhir drapsavatîbhiḥ pañk'abhiḥ.*

Capitel 24.

1. „Was von dir der Pressstein, durch die Arme bewegt, herabfallen liess,
„Oder was die Männer von dir mit den Händen entmelkten,
„Das schwelle dir wieder zu, das bilde sich dir wieder, o König Soma.

„Was dir die beiden Presssteine abgetrennt haben, o König Soma,
„An deinen lieben, wohlgebildeten, zahlreichen Gliedern,
„Dass stelle dir wieder her durch das Opferschmalz und wachse,
„Auf dass wir schuldlos immerdar zusammen bleiben.

„Wenn man deine Haut geritzt und deinen Schooss,
„Oder wenn du von deiner Stelle gerückt oder auch ungepresst bist,
„So möge, o Soma, uns dies durch dich in Ordnung kommen!
„Gieb deine Zustimmung uns beim guten Werke, o König!

„Mit dem Ein- und Ausathmen, mit dem Auge,
„Mit dem Ohre vereinige dich, o König Soma!
„Was dir aus den Fugen gekommen, das setze sich dir wieder zusammen!
„Erkenne uns an bei der Pfade Vereinigung!

„Er giebt seine Gestalt auf, verbindet sich mit der Milch,
„Und anders wird jedesmal sein Aussehen.
„Dir als solchem, o Tropfen, wollen wir mit Darbringung dienen;
„Wir seien die Herren des Reichthums!

„Es strömen herzu Opferlöffel mit Butter,
„Deine Glieder und Gelenke stärken sie;
„Dir, o Soma, sei Verehrung und Vashaṭ gesprochen!
„Gieb deine Zustimmung uns beim guten Werke, o König!“

---

1) Entlehnt aus der Paippalâda Çâkhâ des Atharvan. Roth, Der Atharvaveda in Kaschmir, 23. TBr. 3. 7. 13. 1—3. Unsere Version bietet meist die besseren Lesarten.

2. (Der Jaǵamâna) legt das schwarze Ziegenfell nieder und besprengt es.

3. Es beginnt (diese Handlung, *karma*) damit, dass sie sich unter Recitation der an die Wasser gerichteten Lieder (baden), und schliesst mit dem Berühren (des Wassers).

4. Mit dem Verse: „Empor sind wir...“ (AV. 7. 53. 7) steigen sie (aus dem Bade) heraus.

5. Schreiten mit den Versen: „Wir tranken den Soma...“ (RV. 8. 48. 3) und „Wir gingen zum Licht...“ (AV. 16. 9. 3) herzu.

6. Und nahen sich mit dem Verse: „Die himmlischen Wasser...“ (AV. 7. 89. 1) dem A'havanîjafeuer.

7. (Diese Handlung) beginnt mit der Verwendung des Verses: „Ich löse...“ (Citat unbekannt) und endet mit dem Sichabtrocknen.

8. Es findet nun (die Ausgangsceremonie), die Udajanîjâ (ishṭi) in derselben Weise statt, wie (zum Eingang) die Prâjaṇîjâ; nur dass die Spende an die Pâthjâ Svasti, (welche bei dieser die erste war), hier an vierter Stelle eintritt.

9. (Und mit derselben ist die Udajanîjâ) zu Ende.

10. Während die Anûbandhjâkuh, (deren an Mitra und Varuṇa gerichtete Opferung) nach dem Abschluss (der Udajanîjâ stattfindet), nach Nord-

---

2) Kâtj. Çr. 10. 9. 4. 10.

3) Verweisung auf Kauç. 7, 140: *apâṃ sûktair âplutja pradakshiṇam âvṛtjâ 'pa upaspṛçja...*

4. 5) Kâtj. Çr. 10. 9. 7.

7) Verweisung auf Kauç. 6, wo auch der Vers vollständig citirt ist:

rimuñk'âmi brahmaṇâ ǵâtavedasam agniṃ hotâram aǵaraṃ rathasmṛtaṃ |
sarvâ devânâṃ ǵanimâni vidvân jathâbhâgaṃ vahatu havjam agnir,

agnaje svâhe 'ti samidham âdadhâtj, edho 'sî 'ti dvitîjâṃ, samid asî 'ti tṛtîjâṃ, teǵo 'sî 'ti mukhaṃ vimârshṭi.

8) Vait. 13. 2. Kâtj. Çr. 10. 9. 10, 11. A'p. Çr. 14. 23: *prâjaṇîjâvad udajanîjâ, tasjâm eva sthâljâm anishkasitâjâṃ çrapajati, tad barhis, tan mekshaṇaṃ, çâlâmukhîje prak'aranti, teshv eva deçeshv agnim âǵjabhâgânâṃ prathamaṃ jaǵati, pathjâṃ svastim uttamâṃ jâḥ prâjaṇîjasja jâǵjâ itj uktam.* Çâṅkh. Çr. 8. 12: *prâjaṇîjajo 'dajanîjâ vjâkhjâtâ, viparjâso jâǵjâpuronuvâkjânâṃ, svishṭakṛtaḥ parihâpja pathjâṃ svastiṃ k'aturthîṃ jaǵati, tṛtîjaṃ savitâraṃ, maitrâvaruṇî k'a vaçânûbandhjâ paçavjâ vâ.*

10) Kâtj. Çr. 10. 9. 12. A'çv. Çr. 6. 14. 7.

osten gewendet dasteht erweist (der Jaǵamâna?) dem Kâma mit dem Liede: „Den Vernichter der Nebenbuhler..." (AV. 9. 2) Verehrung.

11. Wenn eine Elfzahl von Opferpfosten verwendet wird, an welche (in diesem Fall) die Netzhaut (der Anûbandhjâkuh) abzuwischen ist, so folgt darauf die Darbringung eines Opferthiers an Tvashṭar.

12. Dieses ist, nachdem der Feuerbrand um dasselbe herumgetragen worden, freizulassen.

13. Von demselben (bringt der Adhvarju) einen Avadânahoma mit Schmalz (dar) sammt einer an die zur Opferung der (Anûbandhjâ)kuh gehörigen Paçupuroḍâça sich anschliessenden Spende für die Devikâ (Anumatî, Râkâ, Sinîvâlî, Kuhû und Dhâtar).

14. (Darauf) begleitet (der Jaǵamâna) mit dem Verse: „Dies ist deine Geburtsstätte..." (AV. 3. 20. 1) das Versetzen des Feuers in die Reibhölzer; mit dem Spruche: „Mit deiner heiligen Form, o Agni, steige mir auf; mit dieser gehe mir ein" (TBr. 2. 5. 8. 8) und dem Verse: „Dies ist deine Geburtsstätte..." (AV. 3. 20. 1, begleitet er das Versetzen des Feuers) in sich selbst (dh. das Erwärmen der Hände an demselben).

15. Mit dem Verse: „Da ich ein unerstattetes Anleben..." (AV. 6. 117. 1) das Abbrennen der Vedi.

---

11) A'çv. Çr. 6. 14. 10.

12) A'çv. Çr. 6. 14. 11.

13) Gop. Br. 1. 4. 8. A'çv. Çr. 6. 14. 12, 15. A'p. Çr. 14. 24: *anûbandhjâjâḥ paçupuroḍâçam ashṭau devasuvâṃ haviṃshj anunirvapatj agnaje gṛhapataja iti — — tâm anu devikâhaviṃshi nirvapati.*

14) Vait. 38. 14. — S. PW. u. *ṛjâ-ruh* caus. 2); dazu Gop. Br. 2. 4. 9. Kauç. 40: *ajaṃ te jonir itj araṇjor agniṃ samâropajatj âtmani vâ; upâvaroha ǵâtavedaḥ punar devo devebhjo havjaṃ vahatu praǵânann, ânandino modamânâḥ suvîrâ indhîmahi tvâ çaradaṃ çatânî 'tj upâvarohajati.* Kâtj. Çr. 21. 1. 17. A'p. Çr. 8. 8. Çâṅkh. Çr. 2. 17: *samârohajamâṇo gârhapatje pâṇî pratitapja prâṇân sammṛçatj ehi me prâṇânârohe 'ti, sakṛtsakṛn mantreṇa, dvirdvis tûshṇîm, ajaṃ te jonir iti vâ 'raṇî pratitapati, sakṛtsakṛn mantreṇa, dvirdvis tûshṇîm;* s. die Forts. § 18 Anm. Ein Synonymon dieses Causativstammes ist *âtmasât kar;* Karmapradîpa 1. 84cd: *tam agnim âtmasât kṛtvâ kshipraṃ sjâd uttarâçramî.*

15. 16) TS. 3. 3. 8. 4. A'p. Çr. 14. 24: *âhavanîjâd ulmukam âdâja jajamâno vedim uposhati jat kusîdam apratîttam iti, jadi miçram iva k'ared añǵalinâ saktûn pradâvje ǵuhujâd viçvalopa viçvadâvasja tve 'ti.* Zu §§ 14. 18 Çâṅkh. Çr. 2. 17: *upâvaroha ǵâtavedaḥ, punas tvaṃ devebhjo havjaṃ*

16. Bei dem Grützehoma spricht er: „O Allvernichter, in den Mund des Allversengers opfere ich dich" (TS. 3. 3. 8. 2).

17. Mit dem Liede: „Der im Feuer..." (AV. 7. 87) erweisen (die Priester) Verehrung und verlassen damit (den Opferplatz).

18. Mit dem Spruche: „Tritt heraus..." (TBr. 2. 5. 8. 8) begleitet (der Jaǵamâna) das Entzünden (des Feuers).

19. Das war die Beschreibung des Agnishṭoma.

20. Ein unbemittelter kann auch (an Stelle dessen) mit dem Ekagu (einer Modification des Agnishṭoma, welche nur eine Kuh erfordert) opfern.

---

vahan naḥ praǵânann, âjuḥ praǵâṃ rajim asmâsu dhehj arir ishṭo didihi no duroṇa itj âtmano 'raṇjor upâvarohja manthanaṃ laukike vâ.

18) Çâṅkh. Çr. 2. 17: *evam âhavanîjân nitjadhṛtâd anjasminn astamite k'a manthanam.* Forts. §§ 15. 16 Anm.

20) Gop. Br. 1. 3. 17.

BUCH IV.

Capitel 25.

1. Nach Abschluss des Agnishṭomasâman fordert (der Brahman) den Hotar mit dem Shoḍaçistotra am Atjagnishṭoma auf, am Ukthja den Maitrâvaruṇa und die anderen Gehülfen des Hotar mit folgenden Sprüchen: „Faden bist du; den Nachkommen (bestimme ich) dich; fördere die Nachkommen! Reichthum bist du; den Kräutern (bestimme ich) dich; fördere die Kräuter! Siegreich bist du; den Thieren (bestimme ich) dich; fördere die Thiere!“ (TS. 4. 4. 1. 2).

2. Die von Jâǵjâ begleiteten Homa dieser (Vikâra bringt der Adhvarju dar) mit den Liedern: „Indra und Varuṇa, ihr Somatrinker...“ (AV. 7. 58), „Bṛhaspati soll uns...“ (AV. 7. 51), „Ihr beide habt gesiegt...“ (AV. 7. 44).

3. „Wir rufen dich, o unvergleichlicher...“ (AV. 20. 14. 1, 2) ist der Stotrija, „Der uns alles dies vorher...“ (AV. 20. 14. 3, 4) der Anurûpa.

4. (Um aus diesen je zwei Versen Tṛk'a herzustellen), recitirt (der Hotar) von dem Stotrija (und ebenso nachher von dem Anurûpa) den ersten Vers; den letzten Pâda desselben setzt er mit dem ersten des zweiten Verses zusammen, macht eine Pause und stellt durch Vereinigung mit dem zweiten Pâda den zweiten Vers (des Tṛk'a) her;

---

1) Die Differenz der in diesem Capitel behandelten Vikâra, Atjagnishṭoma, Ukthja und Shoḍaçin, von der Prakṛti, dem Agnishṭoma, besteht in der Hinzufügung eines sechszehntheiligen Çastra und Stotra nach dem zweiten Tṛtîjasavanaçastra, dem von dem Hotar und seinen Genossen zu recitirenden Nishkevalja (Vait. 22. 4). Ueber die Verschiedenheit der Thieropfer s. Vait. 22. 19. Beim Shoḍaçin ist ausserdem noch ein weiterer Shoḍaçigraha erforderlich (§§ 12, 13); über die Besonderheit des Ukthja schweigt unser Sûtra. Schol. zu A'çv. Çr. 6. 2. 1 und zu Kâtj. Çr. 10. 9. 28. Weber, Ind. Stud. 10, 391. 395. Haug, Ait. Br. II. 255 Anm. 2.

4) Cf. Vait. 22. 8. Das Schema gestaltet sich also hier folgendermassen:

den letzten Pâda dieses (zweiten Tṛk'averses) nun setzt er mit dem folgenden zusammen, macht eine Pause und stellt durch Vereinigung mit dem letzten Pâda (des zweiten ursprünglichen Verses) den dritten Vers (des Tṛk'a) her.

5. Dies ist die Methode (die einzelnen Verse unter einander) zu verschlingen bei den Stotrija und Anurûpa im Kakubhmetrum.

6. Von hier an recitirt er pâdaweise.

7. „Dem freigebigsten, grossen, besitzreichen..." (AV. 20. 15) ist der Haupttheil des Uktha.

8. „Wie scheue Wasservögel..." (AV. 20. 16) das mit demselben zusammen zu recitirende Çastra an Bṛhaspati.

9. „Hin zu Indra rauschten meine Licht verlangenden Lieder..." (AV. 20. 17) der Parjâsa.

10. Dies sind die Theile der Çastra an den eintägigen Somafesten (nämlich der § 1 Anm. genannten Vikâra).

11. Den Schlussvers (AV. 20. 17. 11) verwendet er als Paridhânîjâ; den folgenden (AV. 20. 17. 12) als Jâģjâ.

12. Am Shoḍaçin treten sie an den (speciell diesem Ekâha zukommenden) Graha mit dem Verse:

Stotrija und Anurûpa.		Ursprüngliche Verse.
1	=	1 a—c
2	=	1 c + 2a + 2b.
3	=	2 b + 2c + 2d.

cf. Ait. Br. 4. 3. Für die Folge ist im Auge zu behalten, worauf ich nicht an jedem Orte besonders aufmerksam machen werde, dass da, wo ein zweiversiges Stück zur Verwendung als Tṛk'a vorgeschrieben wird, dasselbe auf die hier oder 22. 8 geschilderte Art und Weise umzugestalten ist.

8) *sâṃçaṃsika* secundäre Bildung aus einem unbelegten Nomen *saṃçaṃsa*.

10) Çat. Br. 13. 5. 1. 8.

11) Es ist diese Stelle wohl der beste Beweis dafür, dass die Compilirung des zwanzigsten Buches des Atharvan zu den liturgischen Zwecken, wie wir sie im Vait. finden, vorgenommen wurde. Das Lied RV. 10. 43 = AV. 20. 17. 1—11, das hier als Parjâsa vorgeschrieben wird, ist ein vollständig in sich abgeschlossenes, dessen letzter Vers thatsächlich auch als ritueller Schlussvers gilt. Nach der Regel Vait. 21. 6 ist ausserdem eine Jâģjâ erforderlich; man wählte dazu den Vers RV. 7. 97. 10, um den wir in Folge dessen das Lied AV. 20. 17 bereichert finden. cf. Vait. 26. 10.

12) S. § 1 Anm. Kâtj. Çr. 12. 5. 20.

„Er, der alle Wesen umfasst,
„Der das allerhöchste ist, was es giebt,
„Prağâpati, der mit den Nachkommen vereinte,
„Besitzt drei Lichter; sechzehntheilig ist er." (cf. VS. 8. 36).

13. (Der Brahman) fordert den Hotar auf mit dem Spruche: „Siegreich bist du, o Erfasser der Presssteine; dem Indra (bestimme ich) dich; fördere den Indra!" (TS. 4. 4. 1. 2).

14. Von dem (durch den Adhvarju) mit dem Verse: „O Indra, erfreue dich..." (AV. 2. 5. 1, geschöpften) Shoḍaçigraha geniessen unter dem Anruf: „O Indra, sechszehntheiliger, die unter den Göttern befindliche Kraft bist du; mache mich kräftig und lebensstark unter den Menschen! Von dir, dem angerufenen, geniesse ich angerufen" (die Priester) je zu zweien; dazu drei Sâmasänger (der Subrahmaṇja ausgeschlossen).

15. Beim Sattra gilt das für das Geniessen des Gharmatrankes bemerkte (14. 7, 8).

Capitel 26.

1. Am Atirâtra fordert (der Brahman) den Hotar und seine Gehülfen auf mit den Sprüchen: „Oberherr bist du; dem Einathmen (bestimme ich) dich; fördere das Einathmen! Erhalter bist du; dem Ausathmen (bestimme ich) dich; fördere das Ausathmen! Schleicher bist du; dem Auge (bestimme ich) dich; fördere das Auge! Kraftspender bist du; dem Ohre (bestimme ich) dich; fördere das Ohr!" (TS. 4. 4. 1. 2, 3).

2. (Der Adhvarju opfert) die Homa für Indra und nach Beendigung des A'çvinaçastra den an die Açvin.

3. (Beim ersten Parjâja) recitirt (der Hotar) die ersten Pâda der Stotrija und Anurûpa wiederholt in der Weise, wie man Halbverse recitirt; beim mittleren Parjâja die mittleren (Pâda wiederholt); beim letzten die letzten.

4. Wie beim Prâtaḥsavana findet (hier bei den Parjâja) der A'hâva und die gesammte Recitation mit leiser, monotoner Stimme statt.

5. (Für den ersten Parjâja ist) „Eifrig jubeln wir dir..." (AV. 20. 18. 1—3) der Stotrija, „Wir, o Indra, dir ergeben..." (AV. 20. 18. 4—6) der Anurûpa.

---

14) A'çv. Çr. 6. 3. 19—22.

2) Kâtj. Çr. 12. 6. 7, 8. A'çv. Çr. 6 5. 1, 5, 23.

3) Gop. Br. 2. 5. 2. A'çv. Çr. 6. 4. 2, 4. Der Atirâtra besteht aus einem vollen Shoḍaçintag und drei auf denselben folgenden nächtlichen Parjâja: *shoḍaçjante râtriparjâjâs trajaḥ* Schol. zu Kâtj. Çr. 10. 9. 28.

4) Vait. 20. 15, 21. *asvara* Gegensatz zu *svaravant* Vait. 22. 11.

6. Von nun an (folgen) immer (auf die Stotrija und Anurûpa) drei Lieder, von denen das letzte als Parjâsa pâdaweise zu recitiren ist; (in diesem Falle AV. 20. 19—21).

7. „Die wir in der Folge..." (AV. 20. 21. 11) ist die Paridhânîjâ, „Von dem im Wasser gesäuberten..." (AV. 20. 33. 1) die Jâǵjâ.

8. Bei dem mittleren (Parjâja fordert der Brahman den Hotar und seine Gehülfen auf) mit den Sprüchen: „Trivṛt bist du; dem Trivṛt (bestimme ich) dich; fördere den Trivṛt! Pravṛt bist du; dem Pravṛt (bestimme ich) dich; fördere den Pravṛt! Svavṛt bist du; dem Svavṛt (bestimme ich) dich! fördere den Svavṛt! Anuvṛt bist du; dem Anuvṛt (bestimme ich) dich; fördere den Anuvṛt!" (cf. VS. 15. 9a—d. TS. 4. 4. 1. 3).

9. „Zu dir hin, o gewaltiger, giesse ich aus bei der Kelterung..." (AV. 20. 22. 1—3) ist der Stotrija, „Dem Rinderherrn jubele zu mit dem Liede..." (AV. 20. 22. 4—6) der Anurûpa; (nach § 6 AV. 20. 23—25 Ukthamukha und Parjâsa).

10. „Wenn das Barhis zum frommen Werk..." (AV. 20. 25. 6) ist die Paridhânîjâ, „Den kräftigen Trank..." (AV. 20. 25. 7) die Jâǵjâ.

11. Bei dem letzten (Parjâja fordert der Brahman den Hotar und seine Gehülfen auf) mit den Sprüchen: „A'roha bist du; dem A'roha (bestimme ich) dich; fördere den A'roha! Praroha bist du; dem Praroha (bestimme ich) dich; fördere den Praroha! Saṃroha bist du; dem Saṃroha (bestimme ich) dich; fördere den Saṃroha! Anuroha bist du; dem Anuroha (bestimme ich) dich; fördere den Anuroha!" (cf. VS. 15. 9e—h. TS. 4. 4. 1. 3).

12. „Ihn, der immer mehr erstarkt bei jeder That..." (AV. 20. 26. 1—3) ist der Stotrija, „Man schirret an den falben, rothen..." (AV. 20. 26. 4—6) der Anurûpa; (nach § 6 AV. 20. 27—32 Ukthamukha und Parjâsa).

13. „Du trankst von den früheren..." (AV. 20. 32. 3) ist die Paridhânîjâ, „Durch deinen Beistand, o hülfreicher..." (AV. 20. 33. 3) die Jâǵjâ.

---

8. 11) Es wäre zwecklos eine Uebersetzung dieser unsinnigen Formeln, bei denen es nur auf ein schematisches Wortgeklingel ankommt, vorzuschlagen.

10) Es liegt dasselbe Verhältniss der Saṃhitâ zum Ritual vor, auf das ich zu Vait. 25. 11 aufmerksam machte:

AV. 20. 25. 1—6 = RV. 1. 83.
7 = 10. 104. 3.

12) Es ist hier AV. 20. 28, 29 wie RV. 8. 14 und ebenso 20. 30—32 wie RV. 10. 96, als ein Lied gerechnet. Cf. Vait. 27. 29 Anm.

14. (Der Brahman) fordert den Hotar zur Recitation des A'çvinaçastra auf mit den Sprüchen: „Vasuka bist du, Vasjashṭi bist du, Veshaçrî bist du; dem Vasuka (bestimme ich) dich, dem Vasjashṭi (bestimme ich) dich, dem Veshaçrî (bestimme ich) dich; fördere den Vasuka, fördere den Vasjashṭi, fördere den Veshaçrî!" (cf. TS. 4. 4. 1. 3).

15. Das war die Beschreibung des Ǵjotishṭoma, welcher in vier Saṃsthâ verläuft, wenn man den Atjagnishṭoma abrechnet.

16. Dieser (Ǵjotishṭoma) ist die Grundform der Somaopfer.

Capitel 27.

1. Der Vâǵapeja findet im Herbst statt.
2. Bei demselben ist in jeder Hinsicht die Zahl siebenzehn maassgebend.
3. Die Priester tragen goldene Kränze.
4. Nach Abschluss des Marutvatîjaçastra folgt eine Ishṭi an Bṛhaspati.
5. Diese beginnt mit der Darbringung einer Schmalzportion und schliesst mit einer Iḍâlibation.
6. Der Jaǵamâna spricht, wenn ihm (von dem Brahman) geheissen wird den Opferpfosten zu besteigen: „Auf Geheiss des Gottes Savitar will ich mich erheben zum höchsten Himmel, zum Himmelsgewölbe von dem Rücken der Erde!"
7. Wenn er (denselben) bestiegen hat, so schaut er (auf die Erde) mit dem Verse: „So lange ich auf dich..." (AV. 12. 1. 33).
8. Beim Herabsteigen spricht er: „O Mutter Erde..." (AV. 12. 1. 63)

---

14) A'çv. Çr. 6. 5. 1. Lâṭj. Çr. 5. 11. 8.

15) Hier besteht also noch die alte Viertheilung des Ǵjotishṭoma in Agnishṭoma, Ukthja, Shoḍaçin und Atirâtra, über welche Weber, Ind. Stud. 10. 352 zu vergleichen ist. Ap. Çr. 15. 1: *ukthjaḥ shoḍaçj atirâtro 'ptorjâmaçk'â 'gnishṭomasja guṇavikârâḥ.*

1) Kâtj. Çr. 14. 1. 1.

2) A'çv. Çr. 9. 9. 2, 3. Kâtj. Çr. 6. 1. 33; 14. 1. 10, 20; 2. 3. Zu §§ 1. 2 A'p. Çr. 18. 1: *çaradi vâǵapejena jaǵeta brâhmaṇo, râǵanjo ṛddhikâmo, nitjavad eke samâmananti, praǵâpatim âpnoti, tasja shoḍaçivat kalpaḥ, sarvaḥ saptadaço bhavati, saptadaça dikshâs tisra upasada ekaviṃçaṃ prasutas, trajodaça vâ dikshâs tisra upasadaḥ saptadaçaṃ prasutaḥ, saptadaçâratnir bailvo jûpaḥ khâdiro vâ.*

3) Gop. Br. 2. 5. 8. A'çv. Çr. 9.9. 4. Kâtj. Çr. 14. 1. 23.

4) A'çv. Çr. 9. 9. 6.

5) A'çv. Çr. 9. 9. 7.

6) Gop. Br. 2. 5. 8.

und giebt die Gewänder, welche den Opferpfosten umhüllen, dem Brahman.

9. (Der letztere) besteigt ein Wagenrad an einem Orte auf dem Tîrthawege, blickt, das Gesicht nach Nordosten gewendet, auf Ross und Wagen und singt, indem er sich niedersetzt, dreimal das (folgende) Vâǵasâman: „Sichtbarlich kamen die raschen Renner zum Wettlauf; auf Antrieb des Gottes Savitar mögen wir reisige die Himmelswelt gewinnen!"

10. „Das besinge..." (AV. 20. 78) ist der Stotrija (beim Prâtaḥsavana).

11. (Hier) legt (der Hotar) die Stotrija des Abhiplava ein.

12. Beim Mâdhjandina ist: „O Indra, Verstand bringe uns herbei..." (AV. 20. 79) der Stotrija, oder: „O Indra, den vorzüglichsten..." (AV. 20. 80) oder: „Es erheben sich die süssesten..." (AV. 20. 10).

13. „Was neues soll von den bittenden..." (AV. 20. 50) ist der Sâmapragâtha.

14. (Hier) legt (der Hotar) ein für mehrtägige Somafeste bestimmtes Lied ein.

15. Beim Tṛtîjasavana ist: „Der einzig vertheilt..." (AV. 20. 63. 4—6) der Ukthastotrija, „O Indra, welcher als der am meisten durch Somatrunk erregte..." (AV. 20. 63. 7—9) der Ukthaanurûpa.

16. Nach der Recitation des Shoḍaçiçastra fordert (der Brahman) den Hotar (zu dem) noch ausserdem (beim Vâǵapeja erforderlichen Çastra) mit folgenden Sprüchen auf: „Nâbhu bist du, o siebenzehntheiliger; Praǵâpati bist du; Praǵâpati (möge) dich (fördern); fördere den Praǵâpati!"

17. Nach einigen (ist hier) der Bṛhaspatisava als eine Nebenhandlung (zu vollziehen).

18. Beim Aptorjâman recitirt (der Hotar) das Garbhakâraçastra.

19. (Darauf): „Man schirret an den falben, rothen..." (AV. 20. 26. 4—6) als Stotrija und zu dessen beiden Seiten (dh. zu Anfang und zu Ende) das Lied: „Komm herbei..." (AV. 20. 3).

20. „Schlage ab alle Feinde..." (AV. 20. 43) als Anurûpa und zu dessen Anfang und Ende das Lied: „Komm herbei zu uns..." (AV. 20. 4).

---

9) A'çv. Çr. 9. 9. 8, 9. Gop. Br. 2. 5. 8, woselbst *vâǵisâman*.

11) A'çv. Çr. 9. 9. 9.

14) A'çv. Çr. 9. 10. 5.

15) Ueber den Unterschied von *âǵja*, *pṛshṭha* und *uktha*, unter welchen Bezeichnungen je verschiedene Sâman zusammenfallen, siehe Haug, Ait. Br. II. 347 Anm. 4.

16) A'çv. Çr. 9. 9. 10. Gop. Br. 2. 2. 13.

17) Kâtj. Çr. 14. 1. 9, cf. Schol. A'çv. Çr. 9. 9. 19

18) A'çv. Çr. 9. 11. 4.

21. Wie bei dem (eben geschilderten) Vâǵapeja findet (hier) das Einlegen (von Liedern) statt.

22. Beim Mâdhjandina ist: „Wenn dir, o Indra, hundert Himmel…" (AV. 20. 81) der Stotrija, „Wenn ich, o Indra, über so viel als du…" (AV. 20. 82) der Anurûpa; diese beiden sind (ihrerseits) zu Anfang und Ende (wie §§ 19. 20) von einem Stotrija und Anurûpa umgeben und nach dem Sâmapragâtha zu recitiren.

23. „O Indra, dreifachen Schutz…" (AV. 20. 83) ist der Sâmapragâtha.

24. Er legt (hier) das Sukîrti- und Vṛshâkapi- (AV. 20. 125, 126), ein Sâma- und ein Ahînalied ein.

25. Beim Tṛtîjasavana ist: „Den schönes erschaffenden zum Beistand…" (AV. 20. 57. 1—3) der Stotrija, „Trinke den starken uns zum Beistand…" (AV. 20. 57. 4—6) der Anurûpa; beide sind (ihrerseits) zu Anfang und zu Ende (wie §§ 19. 20. 22) von einem Stotrija und Anurûpa umgeben.

26. Der Rest geht in der Weise vor sich, wie am sechsten Pṛshṭhjatag und enthält dazu die Atirâtrafeierlichkeiten.

27. Bei den noch ausserdem speciell (dem Aptorjâma) zukommenden Recitationen fordert (der Brahman) den Hotar und seine Gehülfen auf mit den Sprüchen: „Heranschreiten bist du; dem Heranschreiten (bestimme ich) dich; fördere das Heranschreiten! Zusammentritt bist du; dem Zusammentritt (bestimme ich) dich; fördere den Zusammentritt! Herausschreiten bist du; dem Herausschreiten (bestimme ich) dich; fördere das Herausschreiten! Hinaustreten bist du; dem Hinaustreten (bestimme ich) dich; fördere das Hinaustreten!" (VS. 15. 9e—h).

28. (Hierzu) ist: „Ihn, den Indra, treiben wir an…" (AV. 20. 137. 12—14) der Stotrija, „Der grosse Indra, der mit Macht…" (AV. 20. 138. 1—3) der Anurûpa; oder auch die beiden folgenden (Tṛk'a).

29. (Darauf recitirt der Hotar als eigentliches Uktha und als Parjâsa) die beiden Lieder: „Herbei nun, ihr Açvin…" (AV. 20. 139—142) und „Diesen euren Wagen…" (AV. 20. 143); und zwar den zehnten und zwölften Vers des ersten Liedes sowie das (ganze) zweite pâdaweise.

30. „Süss mögen die Kräuter…" (AV. 20. 143. 8) ist die Paridhânîjâ, der folgende Vers (AV. 20. 143. 9) die Jâǵjâ.

---

26) A'çv. Çr. 9. 11. 10—13.

27) A'çv. Çr. 9. 9. 10; 11. 13; an letzterer Stelle irrthümlich *ukthjâni*.

28) Mit dieser zweiten Angabe sind wohl die Tṛk'a gemeint, welche den genannten Stücken in der Version des RV. folgen, nämlich 8. 82. 10—12 und 6. 4—6.

29) AV. 20. 139—142 = RV. 8. 9 als ein Lied gerechnet. Cf. Vait. 26. 13 Anm.

BUCH V

Capitel 28.

1. Beliebig ist die Erbauung des Feueraltars, aber nicht beim ersten Opfer (dh. wenn der Jaǵamâna zum ersten Male Soma opfert, ist dieselbe verboten).

2. Nothwendig erforderlich jedoch am Mahâvrata, (dem Schlusstage eines Jahressattra).

3. Wenn (also) das Sattra am Phâlgunavollmondstag (begonnen ist), so (muss das Agnik'ajana) am Paushavollmondstag (vollzogen werden).

4. Bei dem (hier stattfindenden) Thieropfer, welches der Beschaffenheit desselben (des Agnik'ajana) zufolge an Praǵâpati zu richten ist, spricht (der Adhvarju) einem Verse, welcher das Wort 'entflammt' *(samidhjamâna)* enthält, leise das Lied: „Insgesammt mögen dich..." (AV. 2. 6) nach.

5. Das Lied: „Der Leben-gebend..." (AV. 4. 2) gehört zu den Avadânaspenden.

6. Am achten Tage folgt die zu der Verfertigung der Feuerschüssel *(ukhâsambharaṇa)* gehörige (Ishṭi).

7. Von der achtmal geschöpften (Butter opfert der Adhvarju) mit dem Verse: „Mit dem gesprochenen Vers vereinige das gesungene Lied..." (TS. 3. 1. 10. 1).

8. Mit dem Liede: „Um dich herum, o Agni..." (AV. 7. 71, begleitet er) das Umcirkeln des Lehmklosses.

---

1) Kâtj. Çr. 16. 1. 1, 3.
2) Kâtj. Çr. 16. 1. 2.
4) Kâtj. Çr. 16. 1. 33, 11.
5) Ueber *avadâna* s. Vait. 22. 18 Anm.
6) Kâtj. Çr. 16. 2. 1. A'çv. Çr. 4. 1. 21.
7) Kâtj. Çr. 16. 2. 7.
8) Kâtj. Çr. 16. 2. 22.

9. Mit dem Verse: „Von der Erde kommst du..." (VS. 11. 32) das Berühren desselben.
10. Mit: „Dich, o Agni..." (AV. 2. 6. 3) das Niederlegen desselben auf ein Lotusblatt.
11. Mit: „Ihr Wasser seid..." (AV. 1. 5) das Begiessen mit dem ausgekochten Saft von Palâçablättern.
12. Mit: „Dich, die Erde, lasse ich in die Erde..." (AV. 12. 3. 22) das (von dem Jaǵamâna zu vollziehende) Formen der Feuerschüssel (aus diesem Lehmkloss); nach Bhâgali (jedoch geschieht dies erst) bei der erneuten Verfertigung (einer solchen Schüssel, für den Fall, dass die erste zerbrochen ist).
13. Mit dem dritten Verse (AV. 12. 3. 24) das Brennen derselben.
14. Wenn er mit dem Neumondsopfer geopfert und bei der (auf dasselbe folgenden) Weihefeier (*dîkshaṇîjâ* sc. *ishṭi*) Spenden an (Agni) Vaiçvânara und die A'ditja dargebracht hat, (begleitet er) mit dem Verse: „Wenn wir, o Agni, was auch immer für..." (AV. 19. 64. 3) das Anlegen von Brennholz in das in der Schüssel angemachte Feuer.
15. (Der Jaǵamâna) mit dem Verse: „Geschärft sei meine..." (AV. 3. 19. 1) das Erheben dieses Schüsselfeuers.
16. Mit: „Ich brachte dich herbei..." (AV. 6. 87. 1) das vollendete Erheben.
17. Mit: „Ab löse die oberste..." (AV. 7. 83. 3) das Losmachen der Schlingen (des Strickes, mit dem er die Schüssel getragen).
18. Ein Jahr lang pflegt er das Schüsselfeuer oder auch nur einen Tag.
19. Den Vers: „Bringe uns herbei..." (AV. 5. 7. 1) heisst (der Brahman den Jaǵamâna) zu sprechen bei dem Hinundhertragen (desselben, *vanivâhana*).
20. Mit dem Verse: „Der Spross der Pflanzen bist du..." (AV. 5. 25. 7,

9) Kâtj. Çr. 16. 2. 26.
10) Kâtj. Çr. 16. 3. 1.
11) Kâtj. Çr. 16. 3. 16.
12) Kâtj. Çr. 16. 3. 23; 7. 8—11.
13) Kâtj. Çr. 16. 4. 16—19.
14) Kâtj. Çr. 16. 4. 27—29, 33.
16) Kâtj. Çr. 16. 5. 16.
17) Kâtj. Çr. 16. 5. 17.
18) Kâtj. Çr. 16. 6. 9, 12.
19) Kâtj. Çr. 16. 6. 22.
20) Kâtj. Çr. 16. 6. 23.

begleitet der Adhvarju) das Hineinschütten der in dem Topf befindlichen Asche ins Wasser.

21. Mit den beiden Versen: „Mit Reichthum kehre wieder..." (VS. 12. 41, 42) das Aufnehmen der (ins Wasser) geschütteten (Asche, welche nun in die Schüssel gethan wird).

22. Mit dem Verse: „Wiederum haben dich..." (AV. 12. 2. 6) das (erneute) Anlegen von Brennholz in das Schüsselfeuer.

23. Am Ende der Weihe (richtet er) den Vers: „Miss aus..." (AV. 13. 1. 27) an das Feuer auf der Vedi.

24. Mit dem Verse: „Geht fort, geht aus einander..." (AV. 18. 1. 55, begleitet er) das Abkehren des Gârhapatjaplatzes (vermittelst eines Palâçazweiges).

25. Mit dem Verse: „Dies ist deine Geburtsstätte..." (AV. 3. 20. 1) das Niederlegen der Gârhapatjabacksteine.

26. Nachdem er sich dann die Manenschnur umgelegt, mit dem Verse: „Verehrung sei dir, o Nirṛti..." (AV. 6. 63. 2, das Niederlegen) der der Nirṛti geweihten (Backsteine).

27. Den Vers: „Was dir die Göttin..." (AV. 6. 63. 1) richtet er an das Çikjaband, den geflochtenen Sessel und die Schnur mit der Goldplatte, wenn diese Gegenstände auf jene der Nirṛti geweihte (Schicht, *k'iti)* geworfen werden.

28. Ohne sich umzusehen, gehen (die Priester) und wenden sich mit dem Indraverse: „Schätze beherbergend und sammelnd..." (AV. 10. 8. 42) zu dem Gârhapatja.

29. (Die nun folgende Handlung, nämlich das Pflügen des Altarplatzes) beginnt mit dem Einleitungsopfer *(prâjaṇijâ)*.

30. Das Anschirren des Pfluges (begleitet der Adhvarju) mit dem Verse: „Die Pflugscharen schirren an..." (AV. 3. 17. 1).

---

21) Kâtj. Çr. 16. 6. 30.

22) Kâtj. Çr. 16. 7. 2.

23) Kâtj. Çr. 16. 7. 28.

24) Kâtj. Çr. 17. 1. 3.

25) Kâtj. Çr. 17. 1. 6fgg.

26) Kâtj. Çr. 17. 1. 23.

27) Kâtj. Çr. 17. 2. 4.

28) Kâtj. Çr. 17. 2. 6. Der Schluss des § ist citirt beim Schol. zu Pâṇ. 1. 3. 25.

29) Kâtj. Çr. 17. 2. 7.

30) Kâtj. Çr. 17. 2. 8. Kauç. 20: *sîrâ juñǵanti 'ti jugalâṅgalaṃ pratanoti.*

31. Den Vers: „Der Pflug mit der metallenen Schar..." (AV. 3. 17. 3, spricht er) zu dem Pflüger.

32. Den Vers: „Da der Schooss bereitet ist..." (Citat unbekannt) zu dem das Getreide ausstreuenden (Sämann).

33. Mit dem Verse: „Das erhobene Andachtslied..." (AV. 4. 1. 1, begleitet er) das Niederlegen der Goldplatte (auf ein Lotusblatt).

34. Mit dem Verse: „Der Goldschooss..." (AV. 4. 2. 7) das des goldenen Mannes (auf diese Goldplatte).

Capitel 29.

1. Mit dem Verse: „Süssigkeit lassen die Winde..." (VS. 13. 27, begleitet der Adhvarju) das Besalben der Schildkröte.

2. Mit dem Verse: „Vishṇus Werke..." (AV. 7. 26. 6) das Niederlegen von Mörser und Stösser.

3. Den Vers: „Es ward der Bock..." (AV. 4. 14. 1, richtet er) an das Haupt des Bockes.

4. Immer nach den vormittäglichen Upasad häufen sie die Schichten (der Backsteine) auf.

5. Mit den Versen: „Zur Stärke, mit der Vṛtra getödtet wird..." (AV. 20. 19. 1), „Treibe uns, o Indra, auseinander..." (AV. 1. 21. 2), „Gleichwie ein gewaltiges Thier..." (AV. 7. 84. 3), „Vaiçvânara möge uns zu Hülfe..." (AV. 6. 35. 1, begleitet der Adhvarju) das Bedecken jeder einzelnen (der vier ersten) Schichten, (zu welchem Behufe das Material) aus dem Schutt (genommen wird).

---

31) Kâtj. Çr. 17. 2. 12fgg; nach dem Schol. diesmal der Pratiprasthâtar.

32) Kâtj. Çr. 17. 3. 8.

33) Kâtj. Çr. 17. 4. 2.

34) Kâtj. Çr. 17. 4. 3. Zu §§ 33. 34 A'p. Çr. 16. 22: *brahma gajñânam iti pushkaraparṇa uparishṭânnirbâdham rukmam upadhâja hiraṇjagarbhaḥ samavartatâ 'gra iti tasmin hiraṇmajam purusham prâk'înam uttânam dakshiṇenâ 'tṛṇṇam prâṅmukham upadhâja purushasâma gâje 'ti sampreshjati.*

1) Kâtj. Çr. 17. 4. 27.

2) Kâtj. Çr. 17. 5. 3.

3) Kâtj. Çr. 17. 5. 12fgg. Die Häupter der noch vor der Ukhâsambharaṇijâ geschlachteten Opferthiere wurden, um hier zur Verwendung zu kommen, damals bei Seite gestellt. Kâtj. Çr. 16. 1. 18fgg.

4) Kâtj. Çr. 17. 6. 1fgg; 7. 3fgg. Ueber diesen Gegenstand handelt der ganze siebenzehnte Praçna der A'pastamba Çrautasûtra.

5) Kâtj. Çr. 17. 6. 9—13; 7. 1. Zu den hierselbst vorgeschriebenen sieben Versen gehören die in diesem § genannten vier.

6. Mit den zwei Versen: „O Agni, die schon geborenen..." (AV. 7. 34. 1; 35. 1) das Niederlegen der Asapatnabacksteine auf die fünfte Schicht.
7. Mit den neunundzwanzig Stomabhâgasprüchen (das Niederlegen) der Stomabhâgabacksteine.
8. Die Gâjatrîverse: „Dich, o Agni, entrieb aus einem Lotusblatt..." (RV. 6. 16. 13fgg.), die Trishṭubhverse: „Es erwachte Agni..." (RV. 5. 1. 1fgg. = AV. 13. 2. 46), die Anushṭubhverse: „Zusammen, zusammen..." (AV. 6. 63. 4; 64) und die grossen Verse: „Agni halte ich für den Hotar..." (RV. 1. 127. 1fgg. = AV. 20. 67. 3, recitirt der Hotar) als Uktha bei dem (fertig geschichteten) Gârhapatjaaltar.
9. Die Verse: „Dieser Agni, der Held..." (AV. 7. 62. 1) und „Durch den du tausend..." (AV. 9. 5. 17) bei der Wiederschichtung (des Gârhapatjaaltars).
10. Mit den Versen: „Nicht möge uns, o ihr Götter..." (AV. 6. 56. 1), „O Bhava und Çarva, habt Erbarmen..." (AV. 11. 2. 1) und „Die Schlangen, welche dir..." (AV. 12. 1. 46, opfert der Adhvarju die Homaspenden) an Rudra.
11. Die Verse: „Ein steinerner Schild bist du mir..." (AV. 5. 10. 1—7, richtet er) an die Pariçritsteine.
12. Nach dem Fortwerfen des (als) Opferlöffel (verwendeten Arkastückes und -blattes) umgiesst der A'gnîdhra mit dem Verse: „Die himmlischen Wasser, welche..." (AV. 4. 8. 5) den geschichteten Feueraltar.
13. Mit den Versen: „Dies, o ihr Wasser, ist euer..." (AV. 3. 13. 7), „Dich umhüllen wir mit der Kälte..." (AV. 6. 106. 3), „Zum Himmel, zum Vetasarohr..." (AV. 18. 3. 5), „Dies ist der Wasser..." (AV. 6. 106. 2, begleitet der Adhvarju) das Herüberziehen (über den Altarplatz, *k'iti*)

---

6) Kâtj. Çr. 17. 7. 15.

7) Kâtj. Çr. 17. 7. 16. A'p. Çr. 15. 10: *uttaramuttaraṃ stomabhâgânâṃ dadhâti, dvâdaçá 'gnishṭome, pañk'adaço 'kthje, shoḍaça shoḍaçini, saptadaça vâjapeja, ekânnatriṃçatam atirâtre, trajastriṃçatam aptorjâme.*

8) Cf. Kâtj. Çr. 17. 12. 1—18.

9) Kâtj. Çr. 17. 12. 19fgg.

10) Diese Ceremonie heisst Çatarudrijâ. Kâtj. Çr. 18. 1. 1. A'p. Çr. 17. 11: *adhvarjur agnim abhimṛçja çatarudrijaṃ juhoti jartilajavâgvâ gavîdhukajavâgvâ vâ jartilair gavîdhukasaktubhiḥ kusaja-* (Ebenso Kâṭh. 21. 6. Ind. Stud. 13. 272) *sarpishâ 'jâkshîreṇa mṛgakshîreṇa vâ 'rkapûrṇena.* 12: *jo rudro agnâv iti raudraṃ gâvîdhukaṃ k'arum etena jajushâ jasjâm ishṭakâjâṃ çatarudrijaṃ juhoti tasjâṃ pratishṭhâpajati.*

12) Kâtj. Çr. 18. 1. 7; 2. 1.

13) Kâtj. Çr. 18. 2. 10, 11. Zu §§ 12. 13 A'p. Çr. 17. 12: *udakumbham âdâjâ*

mit (einem Rohr, an welches) ein Frosch, Avakâ- und Vetasaschilf (angebunden ist), nach allen Richtungen hin von Süden an.

14. Bei der Upavasathafeier ist der Vers: „Der unter allen Menschen..." (AV. 13. 2. 26) für die (erste) Hälfte des sechszehnmal geschöpften (Graha) erforderlich, der Vers: „Er ist unser Vater und Erzeuger..." (AV. 2. 1. 3) für die zweite Hälfte.

15. Mit dem Liede: „Führe diesen empor..." (AV. 6. 5, begleitet der Adhvarju) das Anlegen von Brennholz.

16. Der dazu aufgeforderte (Brahman) sagt nun leise das Apratirathalied her.

17. Mit den vier Versen: „Schreitet mit Agni..." (AV. 4. 14. 2—5) besteigen (die Priester) den Altar.

18. Mit dem Liede: „Diese, o Savitar..." (AV. 7. 15, begleitet der Adhvarju) das Anlegen von Brennholz.

19. (Darauf) spricht er leise die Verse: „Vier Hörner hat er..." (RV. 4. 58. 3), „Besinget..." (AV. 7. 82. 1), die drei Verse: „O Agni, herbei..." (AV. 3. 20. 2—4) und die zwei: „Den Arjaman, den Bṛhaspati..." (AV. 3. 20. 7, 8).

20. (Dann opfert er) mit dem Verse: „Auf Anregung *(prasava)* zur Kraft *(vâġa)*..." (AV. 7. 6. 4) die Vâġaprasavîjahoma.

21. Das Lied: „Zusammen mögen mich giessen..." (AV. 7. 33) heisst (der Brahman den Jaġamâna) zu sprechen, wenn derselbe gesalbt wird.

22. (Der erstere spricht) das Lied: „Welche essend..." (AV. 2. 35) und die zwei Verse: „Diesen, ihr Oerter..." (AV. 6. 123. 1, 2).

23. Mit dem Verse: „Durch den du tausend..." (AV. 9. 5. 17, opfert der Adhvarju) die Homa an Viçvakarman.

'dhvarjur açmann ûrġam iti triḥ pradakshiṇam agniṃ parishiñk'an parjeti, nidhâja kumbham açmaṃs te kshud, amuṃ te çug ṛk'hatu jaṃ dvishma iti trir aparishiñk'an pra'iparjeti — — — avakâvetasaçâkhâṃ maṇḍûkaṃ k'a dîrghavaṃçe prabadhja samudrasja tvâ 'vakaje 'ti saptabhir ashṭâbhir vâ 'gniṃ vikarshati.

14) Kâtj. Çr. 18. 3. 4, 12, 13; über den richtigen Wortlaut des Textes s. Ind. Stud. 13, 278 Anm.

15) Kâtj. Çr. 18. 3. 14.

16) Kàtj. Çr. 18. 3. 17.

17) Kâtj. Çr. 18. 4. 1.

18) Kâtj. Çr. 18. 4. 6.

20) Kâtj. Çr. 18. 5. 4. Âp. Çr. 18. 5: *vâġaçk'a prasavaçk'e 'ti dvâdaça vâġaprasavîjân homân hutvâ — —.*

21) Kâtj. Çr. 18. 5. 9 fgg.

Capitel 30.

1. Derjenige, welcher das Agnik'ajana vollzogen hat, sowie derjenige (Brâhmaṇa), bei welchem der (getrunkene) Soma purgirt oder Erbrechen verursacht hat, wird durch die Sautrâmaṇî geweiht.
2. (Ebenso ist dieselbe) für einen, den das Glück verlassen hat, oder der nach der Herrschaft strebt, (bestimmt).
3. Niemand, der nicht schon ein Somaopfer dargebracht hat, (darf mit der Sautrâmaṇî opfern).
4. (Zuerst findet) eine Ishṭi für die Aditi (statt).
5. (Sodann) ein Thieropfer an Indra.
6. Nach dem (dieses Thieropfer abschliessenden) Geniessen des Saftes (begleitet der Adhvarju) mit dem Liede: „Die, welche braun sind..." (AV. 8. 7) das Mischen der Surâ mit Kräutern.
7. Mit dem Verse: „Gereinigt mit des Windes..." (AV. 6. 51. 1) das Durchseien der für denjenigen bestimmten (Surâ), bei dem der Soma purgirt hat.
8. (Ist die Surâ) für Jemanden (bestimmt), der in Folge des Somagenusses sich erbrochen hat, (so wird derselbe Vers verwendet, nur) mit Abänderung (des Wortes „der Soma hinten" *pratjaṅ somo)* in „der Soma vorn" *(prâṅ somo)*.
9. Den Vers:

„O Adhvarju, lasse den durch die Steine gepressten Soma in die Seihe einströmen,
„Läutere ihn für Indra zum Trunk!" (cf. VS. 20. 31)

(richtet der Brahman) an den Adhvarju, wenn er (die Surâ) klärt.

10. Nachdem die Schmalzspenden geschöpft sind, den Vers: „Soll's so sein, wie wenn Kornbauer..." (AV. 20. 125. 2) an denselben, wenn er die Milchgraha schöpft.

---

1) Kâtj. Çr. 19. 1. 2. Gop. Br. 2. 5. 6.

2) Kâtj. 19. 1. 3, 4: für einen besitzlosen Vaiçja und einen vertriebenen König.

4) Kâtj. Çr. 19. 1. 5.

5) Kâtj. Çr. 19. 1. 16.

6) Vait. 21. 20. Kâtj. Çr. 19. 1. 20 fgg.

7) Kâtj. Çr. 19. 2. 9. In Whitney's alphabetischem Verzeichniss der Versanfänge der Atharva-Saṃhitâ (Ind. Stud. 4.) ist der genannte Vers aus Versehen als 6. 57. 1 bezeichnet.

8) Cf. VS. 19. 3a, b. Kâtj. Çr. 12. 2. 10.

9) Kâtj. Çr. 19. 2. 12.

10) Kâtj. Çr. 19. 2. 13.

11. Wenn die Netzhäute (der für die Açvin, Sarasvatî und Indra geopferten Thiere) abgewischt sind, findet mit den vier Versen: „Als ihr, o Açvin, einen Surârausch..." (AV. 20. 125. 4—7) das Geniessen von Graha, welche in milchgemischter Surâ, nicht in reiner Surâ bestehen, statt.

12. Nach einigen (dann das Geniessen) eines den Açvin geweihten Graha mit dem Verse:

„Den die Açvin vor dem asurischen Namuk'i tranken,
„Den Sarasvatî zur Kraft kelterte,
„Ihn, den hellen süssen Tropfen,
„Den König Soma geniesse ich hier." (VS. 19. 34).

13. Mit den Liedern: „Reinigen mögen mich.. " (AV. 6. 19), „Was auf dem Berg, in den Aragarâṭa..." (AV. 6. 69) und dem Verse: „Was auf den Bergen..." (AV. 9. 1. 18, begleitet der Adhvarju) das Eingiessen (der Surâ) in den hundertfach durchlöcherten (Krug, *kumbhî).*

14. (Darauf) sagt er folgende fünf Verse her, die zwei: „Erheben mögen sich..." (AV. 18. 1. 44, 45), ferner: „Ihr Väter, die ihr auf dem Barhis sitzt..." (AV. 18. 1. 51), „Die von uns herbeigerufenen Väter..." (AV. 18. 3. 45) und „O ihr im Feuer verbrannten Väter..." (AV. 18. 3. 44).

15. Nach dem an die Thieropfer für die Açvin, Sarasvatî und Indra sich anschliessenden Opfer an den Vanaspati heisst (der Brahman den Jaǵamâna), wenn er (mit den Restern der Surâ) begossen wird, die Formeln: „Om, bhûs, bhuvas, svar, ǵanad om!" aufzusagen.

16. Der (von dem Adhvarju) zum Singen des Sâmaliedes aufgeforderte (Brahman) singt die Saṃçâna (Sâman, welche) in folgendem an Indra gerichteten Bṛhatîverse (bestehen):

„Das grosse, zum Sieg führende Lied singet dem Indra, o Marut,
„Durch welches die frommen das wachsame Licht, den Gott dem Gotte erzeugten." (RV. 8. 78. 1).

---

11) Kâtj. Çr. 19. 3. 2—4. — Cf. Zeitschr. f. vgl. Spr. N. F. III, 476, 524.

12) Kâtj. Çr. 19. 3. 10. Lâṭj. Çr. 5. 4. 15. Ueber *eke* s. Vait. 23. 21 Anm.

13) Kâtj. Çr. 19. 3. 20.

14) Kâtj. Çr. 19. 3. 21.

15) § 11. Kâtj. Çr. 19. 4. 1—7, 14. Lâṭj. Çr. 5. 4. 16.

16) Das auch Gop. Br. 2. 5. 7 überlieferte *saṃçjâna* habe ich in *saṃçâna* (s. dass. im PW.) verändert, da ich annehme, dass das *j* sich in Folge der Gop. Br. aaO. danebenstehenden *samaçjan*, *saṃçjanti* eingeschlichen

17. Folgende Anfangs-Stobha sind (vor jedem Pâda des genannten Verses einzuschalten): „Man schickt dich zusammen mit den Dhâjitâji(?); man schafft dich zusammen (mit ihnen); man lässt dich zusammen übrig (mit ihnen); man hat dich (mit ihnen) zusammen gefertigt.

18. Die Schlusssätze des Sâman *(nidhana)* sind (für einen Brâhmaṇa): „Zu vollständigem Ansehen, zu hervorragendem Ansehn, zu wahrhaftem Ansehen, zum Ansehen!"

19. Für einen Kshatrija sind die Schlusssätze: „Zu vollständigem Siege, zu hervorragendem Siege, zu wahrhaftem Siege, zum Siege!", für einen Vaiçja: „Zu vollständigem Gedeihen, zu hervorragendem Gedeihen, zu wahrhaftem Gedeihen, zum Gedeihen!"

20. Alle (dh. Prastotar, Udgâtar und Pratihartar) stimmen in den Schlusssatz ein.

21. Nach der Homaspende für das Barhis (findet) das Reinigungsbad (statt).

---

und die irrthümliche Form von hier aus ihren Eingang in das Vait. gefunden habe Çat. Br. 12. 8. 3. 23—26. Kâtj. Çr. 19. 5. 1, 2.

17) Lâtj. Çr. 5. 4. 18.

18) Die Corresponsion mit den folgenden *nidhana* erfordert diese von mir den Worten *saṃçravas* usw. beigelegten Bedeutungen; im PW. sind die Worte an den verschiedenen Stellen muthmasslich, aber nicht mit Berücksichtigung der entsprechenden Worte in den anderen *nidhana* übersetzt. Der Brâhmaṇa erwartet eben als eine Frucht, die das Opfer ihm trägt, Erhöhung und Vermehrung seines geistlichen Ansehns (sonst *brahmavark'asa)*, wie der Kshatrija Sieg und Macht, und der Vaiçja Reichthum. — Gop. Br. 2. 5. 7. Kâtj. Çr. 19. 5. 3 (Çat. Br. 12. 8. 3. 26). Lâtj. Çr. 5. 4. 19.

19) Kâtj. Çr. 19. 5. 4, 5. Lâtj. Çr. 5. 4. 19.

20) So auch wörtlich Çâṅkh. Çr. 8. 10. — Haug, Ait. Br. II. 198 Anm. 39. — Man lasse sich nicht durch die Uebereinstimmung im Ausdruck mit Kâtj. Çr. 19. 5. 3, 6 verleiten in diesem § den Sinn zu sehen, dass eins der genannten *nidhana* ohne Unterschied der Kasten allgemein zulässig sei, wie Kâtj. aaO. von dem ersten *(saṃçravase* usw.) sagt. Das Fehlen des Wortes *brâhmaṇasja* in § 18 unseres Capitels entspricht vollständig dem Sprachgebrauche der Sûtra, welche bei Aufzählungen gewöhnlich das erste Glied auslassen, wie der Leser z. B. im Vait. stets bei einer solchen Gelegenheit *prâtaḥsavana* vermisst haben wird, wenn es in der Folge auf den Gegensatz von *mâdhjandina* und *tṛtîjasavana* ankam.

21) Kâtj. Çr. 19. 5. 11.

22. Mit dem Liede: „Was wir, o Götter...“ (AV. 6. 114, begleitet der Jaǵamâna) das Abwaschen des Mûsaratopfes.
23. Den Vers: „Gleichwie von dem Pfahl...“ (AV. 6. 115. 3, spricht er) zu dem Kleide, (das er zum Behufe des Bades abgelegt hat).
24. Es folgt eine Ishṭi mit geronnener Milch an Mitra und Varuṇa.
25. Ein Thieropfer an Indra Vajodhas.
26. Und eine Ishṭi an die Aditi.
27. Mit dem Verse: „Obwohl er auch fern...“ (AV. 3. 3. 2), an dessen Schluss die Silbe 'om' anzuhängen (und welcher) in einförmigem Tone (*tâna*, zu recitiren ist), erweisen sie ihre Verehrung dem in dem Mantra genannten (dh. der Sautrâmaṇîceremonie).

---

22) Kâtj. Çr. 19. 5. 13. *mâsara* heisst die nach § 6 mit Vegetabilien gemischte Surâ. Kâtj. Çr. 19. 1. 20.

23) Kâtj. Çr. 19. 5. 16.

24) Kâtj. Çr. 19. 5. 21.

25) Kâtj. Çr. 19. 5. 22.

27) *tâna* ist ein einförmiger, in der Verkehrssprache unüblicher Ton, welcher die Accente unberücksichtigt lässt und speciell bei der Recitation eines Mantra seine Anwendung findet. Schol. zu Kâtj. Çr. 1. 8. 18.

BUCH VI.

Capitel 31.

1. An dem elften Tage vor dem Mâghavollmond sollen sich diejenigen, welche ein Sattra begehen und welche (als solche) zum mindesten siebenzehn fungirende sein müssen, auf die im Brâhmaṇa vorgeschriebene Weise weihen.

2. (Zulässig sind nur solche), die schon mindestens einmal ein Somaopfer angestellt; oder auch der Gṛhapati (der Veranstalter des Sattra).

3. Nachdem sie in dessen Feuer, (das Gârhapatja), die (anderen) Feuer zusammengethan, opfern sie mit einem (Thieropfer) an Pragâpati.

4. An dem Ekâshṭakâtage (dem achten Tage der dunkelen, zweiten Hälfte des Mâghamonats), welcher den Namen 'Regeler der Tage' *(ahnâṃ vidhâni)* führt, koche (der Sattrin) einen Kuchen von vier Çarâva und verbrenne am Morgen mit demselben Gestrüpp, indem er durch Recitation des Liedes: „Es möge uns dieser Nabhasaspati..." (AV. 6. 79, diese Handlung) für die beiden in dem Mantra genannten Gottheiten bestimmt, (nämlich dem Nabhasaspati, dh. Vâju, und dem Saṃsphâna dh. A'ditja).

5. Wenn er brennt, so giebt es ein gutes Jahr; dagegen, wenn er nicht brennt, ein schlechtes.

6. Es folgt die Beschreibung des Gavâmajana.

7. Der erste Monat (dieser Jahresfeier) umfasst einen einleitenden (Atirâtra-) und einen K'aturviṃçatag, vier Abhiplava- und einen Pṛshṭhjashaḍaha.

---

1) Lâṭj. Çr. 10. 1. 1. Kâtj. Çr. 12. 2. 15; 13. 1. 8.

3) Kâtj. Çr. 12. 1. 16, 17.

4) Kâtj. Çr. 13. 1. 2. TS. 3. 3. 8. 4—6. Gop. Br. 2. 4. 9. A'çv. Gṛhj. 2. 4. 5, 9.

5) TS. 3. 3. 8. 5. Gop. Br. 2. 4. 9.

7) Kâtj. Çr. 13. 2. 2, 3.

8. Die vier (nächsten Monate) die gleichen Feiern mit Ausschluss des einleitenden (Atirâtra) und des K'aturviṃça.

9. Der sechste (Monat) drei Abhiplava- und einen Pṛshṭhjashaḍaha, den Abhiǵit- und die drei Svarasâmantage.

10. Ueberzählig ist der Vishuvanttag selbst, (der Wendetag zwischen den beiden Halbjahren, an welchem ein Agnishṭoma zu feiern ist).

11. In umgekehrter Reihenfolge gestaltet sich die andere Hälfte (des Jahres).

12. Der siebente (Monat nämlich) umfasst die drei Svarasâman- und den Viçvaǵittag, einen Pṛshṭhja- und vier Abhiplavashaḍaha.

13. Die vier (nächsten Monate) die gleichen Feiern mit Ausschluss der Svarasâmantage und des Viçvaǵit.

14. Der zwölfte (Monat) zwei Abhiplavashaḍaha, den Go- und A'justag, den zehntägigen U'rdhvastoma, den Mahâvratatag und einen abschliessenden (Atirâtra).

---

8) Kâtj. Çr. 13. 2. 3.
9) Kâtj. Çr. 13. 2. 4—6.
10) Kâtj. Çr. 13. 2. 7.
11) *âvṛtta* wie sonst das in dieser Literatur häufigere *pratiloma*. Kâtj. Çr. 13. 2. 13.
12) Kâtj. Çr. 13. 2. 14.
14) Kâtj. Çr. 13. 2. 16. Das Schema des Gavâmajana ist demnach:

1. Halbjahr:	Feiern:	Anzahl der Tage:	2. Halbjahr:	Feiern:	Anzahl der Tage:
1. Monat:	Atirâtra	1	7. Monat:	Svarasâman	3
	K'aturviṃça	1		Viçvaǵit	1
	4 Abhiplava	24		Pṛshṭhja	6
	Pṛshṭhja	6		4 Abhiplava	24
2.—5. Monat je:	4 Abhiplava	96	8.—11. Monat je:	Pṛshṭhja	24
	Pṛshṭhja	24		4 Abhiplava	96
6. Monat:	3 Abhiplava	18	12. Monat:	2 Abhiplava	12
	Pṛshṭhja	6		Go	1
	Abhiǵit	1		A'jus	1
	Svarasâman	3		Daçarâtra	10
		180		Mahâvrata	1
	Vishuvant	1		Atirâtra	1
					180

Im Ganzen also 360 Tage, den Vishuvant ausgeschlossen. Vgl. hierzu Lâṭj. Çr. 4. 5. 1—4, bes. Schol. zu 3. Gop. Br. 1. 4. 21—23.

15. Dasselbe besagt auch folgender Çloka:

„Zwei Atirâtra, hundertundsechs Agnishṭoma, zweimal hundertundzwanzig Ukthja

„Und zwölf Shoḍaçin, das sind sechsigmal sechs Tage; dazu kommt der Vishuvanttag.

16. (Es folgt die Beschreibung der einzelnen Festtage des Gavâmajana; der Atirâtra ist schon aus Vait. 26 bekannt.) Am K'aturviṃça ist: „Dem Indra jubelten laut die Sänger ..." (AV. 20. 38. 4—6) der A'ǵjastotrija, oder auch: „O Indra, komm herbei, du hellleuchtender..." (AV. 20. 84).

17. Die dem Abhiplava von dem dritten Tage an zukommenden Stotrija legt (darauf der Hotar) ein.

18. Die beiden Pragâtha im Bṛhatîmetrum, der erste: „Besinge den freigebigen..." (AV. 20. 51. 1, 2) ist der Pṛshṭhastotrija, der zweite: „Den berühmten, freigebigen..." (AV. 20. 51. 3, 4) der Pṛshṭhaanurûpa; oder auch die beiden folgenden: „Nichts anderes saget her..." (AV. 20. 85. 1, 2) und „Wenn dich auch die Leute hier..." (AV. 20. 85. 3, 4).

19. (Darauf) legt (der Hotar) das für mehrtägige Somafeste bestimmte Lied: „Ihm, dem kraftvollen, starken..." (AV. 20. 35) ein.

20. Am Abhiǵit, Vishuvant, Viçvaǵit und Mahâvrata ist: „Der einzig vertheilt..." (AV. 20. 63. 4—6) der Ukthastotrija und: „O Indra, welcher als der am meisten durch Somatrunk erregte..." (AV. 20. 63. 7—9) der Ukthaanurûpa.

21. Am Abhiplava sind die sechs Verse: „Komm herbei; wir haben dir gepresst..." (AV. 20. 3, 4) die A'ǵjastotrija; ausgeschlossen sind hier Anfangsvers und Parjâsa.

22. (An diesen Abhiplavatagen) legt (der Hotar nach der Reihe einen der) folgenden Tṛk'a ein: „Zur Stärke, mit der Vṛtra getödtet wird..." (AV. 20. 19. 1—3), „Unsern feurigsten zur Hülfeleistung..." (AV. 20. 20. 1—3), „Herbei zu uns, o Indra, mir zugewendet..." (AV. 20. 23. 1—3), „Komm her zu unserm gepressten..." (AV. 20. 24. 1—3),

---

15) Auch Gop. Br. 1. 5. 23, aber ohne ersichtliches Versmaass. Es geht hieraus hervor, dass der Udajanîjatag gleich dem Prâjaṇîja ein Atirâtra sein soll, während Kâtj. Çr. 13. 2. 16. einen Agnishṭoma vorschreibt. Den Atirâtra hat auch der Schol. zu Lâṭj. Çr. 4. 5. 3.

16) A'çv. Çr. 7. 6. 1.

18) Wie aus diesen je zwei Versen Tṛk'a herzustellen sind, ist aus Vait. 22. 8, 9 zu ersehen.

„Wenn ich, o Indra, gleichwie du..." (AV. 20. 27. 1—3), „Gleich der lustigen Wasserwelle..." (AV. 20. 28. 4; 29. 1—2?).

23. Das Lied: „Ihn den wunderthätigen, widerstandskräftigen..." (AV. 20. 9) ist der Pṛshṭhastotrija (v. 1, 2) und -anurûpa (v. 3, 4).

24. (Wenn die Çastra) aus einer geraden Anzahl (von Versen bestehen?, so tritt hierfür) das Lied: „Besinge den freigebigen..." (AV. 20. 51, ein).

25. Von den Sampâtaliedern: „Indra, der Burgenzerbrecher, überwand mit Blitzen den Dämon..." (AV. 20. 11), „Der allein für die Menschen anzurufen ist..." (AV. 20. 36), „Der wie ein furchtbares Thier mit scharfen Hörnern..." (AV. 20. 37) legt (der Brâmaṇâk'k'haṃsin) je eines Tag für Tag ein; ebenso an den Pṛshṭhja-, den K'handomatagen und dem zehnten (Tage).

26. An den mittleren (Tagen, dem vierten bis sechsten Pṛshṭhja- resp. Abhiplavatage als dem zweiten Drittel eines Navarâtra) ist das Lied: „Heldenhaft bist du ja..." (AV. 20. 60) für die Ukthastotrija (v. 1—3) und -anurûpa (v. 4—6, zu verwenden).

27. An dem sechsten Pṛshṭhjatag fügen (die Hotarpriester) die folgenden Paruk'k'hepaverse: „Es erlangt der Presser die Wohnung des Reichthums..." (AV. 20. 67. 1, 2) und „Bei allen Kelterungen treiben sie dich an..." (AV. 20. 72. 1—3) an den beiden (ersten) Savana vor den Prasthitajâǵjâ ein und den Vers: „Mit den Opfern euch verbindend, mit euren scheckigen Stuten und Speeren..." (AV. 20. 67. 4) nach den Ṛtujâǵjâ.

Capitel 32.

1. An dem sechstägigen (Pṛshṭhja) sind die A'ǵjastotrija dieselben, wie beim Abhiplava; an den beiden ersten (Tagen) ebenso auch die einzulegenden Lieder, sowie die Pṛshṭhastotrija und -anurûpa.

2. Am dritten (Tage sind) die fünf Verse: „In den Kämpfen sei siegreich..." (AV. 20. 19. 6, 7; 20. 1—3, einzulegen).

3. Am vierten die neun Verse: „Mit hundert Weisen wollen wir des vielgepriesenen..." (AV. 20. 19. 4—7; 20. 1—5).

4. Am fünften die fünfzehn Verse: „Wenn ich, o Indra, gleichwie du..." (AV. 20. 27—29).

---

25) Gop. Br. 2. 6. 1, 2. 4. Ait. Br. 6. 18. Die K'handomatage sind der siebente bis neunte Tag des Dvâdaçâha (Haug. Ait. Br. II. 347 Anm. 4), nicht, wie im PW. angegeben ist, der achte bis zehnte.

26) Sâj. zu Ait. Br. 5. 3 bei Haug II. 322.

1) Vait. 31. 21, 22.

5. Am sechsten die einundzwanzig Verse: „Dem Rinderherrn jubele zu mit dem Liede...“ (AV. 20. 92).

6. Für den dritten und die folgenden (Tage, dh. den vierten bis sechsten sind) die Lieder: „Wir mit unserm Somatrank...“ (AV. 20. 52, 53) für die Pṛshṭhastotrija und -anurûpa (zu verwenden).

7. Am vierten (Tage sind einzulegen) die sechs Verse: „Dir stelle ich alle diese Kelterungen an, o Held...“ (AV. 20. 73) vor den Sampâtaliedern (Vait. 31. 25, und zwar) die (letzten) drei (Verse des genannten Liedes) halbversweise.

8. Am fünften (Tage) das siebenversige Pañktilied: „Wenn wir auch immer, o wahrhafter Somatrinker...“ (AV. 20. 74, und zwar in der Weise), dass er immer nach zwei Pâda absetzt und den fünften anschliesst, oder dass er nach drei Pâda absetzt und die (letzten) zwei (ohne Unterbrechung folgen lässt).

9. Am sechsten (Tage) das Lied: „Es haben dich bestürmt zu Paaren die Hülfesuchenden...“ (AV. 20. 75, in der Weise), dass er von den sieben Pâda jedesmal einen (recitirt, dann) absetzt und zwei anschliesst, dann nach zwei (dem vierten und fünften Pâda) absetzt und die (letzten) zwei anschliesst.

10. Ausserdem (ist noch am sechsten Tage) das achtversige Lied: „Der im Holze ist oder auch nicht, wurde niedergesetzt und liess sich's gefallen...“ (AV. 20. 76, einzulegen).

11. An den mittleren (Tagen, dem vierten bis sechsten Pṛshṭhjatag) sind die Ukthastotrija und -anurûpa die gleichen, wie beim Abhiplava.

12. Am sechsten (Tage recitirt der Brâhmaṇâk'k'haṃsin) folgende zwei (Halbverse) von zwei Pâda: „Diese Welten wollen wir gedeihen lassen...“ (AV. 20. 63. 1ab) und „Wie die Götter kamen, nachdem sie die Dämonen getödtet...“ (AV. 20. 63. 2cd) pâdaweise.

13. (Ferner) das Sukîrtilied: „Fort treibe unsere Feinde, o Indra, freigebiger, nach Osten...“ (AV. 20. 125); den vierten Vers (desselben) halbversweise.

14. (Darauf) das Vṛshâkapilied: „Sie schickten ihn fort vom Somaopfer...“ (AV. 20. 126, in folgender Weise): nach den einzelnen Pâda hält er

---

6. 11) Vait. 31. 26.

7) Ait. Br. 6. 20. Gop. Br. 2. 6. 2, 4.

9) Setze im Text den Interpunctionsstrich vor *sapta*.

10) Gop. Br. 2. 6. 2.

12) A'çv. Çr. 8. 3. 1. Gop. Br. 2. 6. 12.

13) A'çv. Çr. 8. 3. 2, 3. Gop. Br. 2. 6. 12.

14) A'çv. Çr. 7. 11. 9—11; 8. 3. 4. Haug, Ait. Br. II. 431 Anm. 16. Gop. Br. 2. 6. 12.

inne, aber ohne (innerhalb derselben) eine Pause zu machen (dh. markirt nur die Trennung der verschiedenen Pâda); jedesmal nach dem zweiten (Pâda) setzt er ab und nimmt bei dem dritten mit dem zweiten und letzten Vokal und in den beiden (o-Reihen), welche mit den eben genannten Vocalen anheben, den Njûṅkha und den Ninarda vor. Darauf schliesst er das (letzte) Pâdapaar an.

15. In den Njûṅkha und Pratigara tritt bei dem ersten, vierten, achten und zwölften (o) Plutirung ein; in den Ninarda bei dem ersten und dritten, während das mittlere svaritirt ist.

16. Beispiel (AV. 20. 126):

17. „Sie schickten ihn fort vom Somaopfer; selbst den Indra hielten sie für keinen Gott mehr; wo3 o o o3 o o o o3 o o o o3 sich gütlich that Vṛshâkap-o3 o o3 an dem Vorrathe des Kargen, er mein Gefährte. Allem ist Indra überlegen — om!“
(In der gleichen Weise dann) mit dem (zweiten) Verse: „Fort, o Indra...“ (usw.)

18. Der Pratigara (für den Njûṅkha) ist: „o3 o o o3 o o o o3 o o o o3“, für den Ninarda die Worte: *„madetha madaivo* 3o o3 *thâmo daiva.“*

19. Das Kuntâpastück: „Höret, ihr Leute, auf dieses...“ (AV. 20. 127, 128, recitirt der Brâhmaṇâk'k'haṃsin?) halbversweise; die vierzehn Verse (des ersten Liedes jedoch) mit Markirung der Pâdaschlüsse.

20. (Dann) den Aitaçapralâpa: „Diese Stuten springen heran...“ (AV. 20. 129) mit Markirung der Pâdaschlüsse; jedesmal zum Schluss des letzten Pâda dieser (Abschnitte) spricht er die Silbe *om* aus.

21. Darauf (recitirt er) die Pravalhikâ: „Ausgespannt sind zwei Kiraṇa...“ (AV. 20. 133).

22. Die Pratirâdha: „Hier vorn, hinten, oben und unten...“ (AV. 20. 134), an welche er nicht *om* anfügt.

23. Die drei A'ǵiǵñâsenjâ: „Der mit dem Laute *bhug* herankommt...“ (AV. 20. 135. 1—3).

24. Für diese Pravalhikâ usw. (dh. Pratirâdha und A'ǵiǵñâsenjâ) giebt es fünfzehn Pratigara.

---

15. 16) A'çv. Çr. 7. 11. 13.
17) A'çv. Çr. 7. 11. 14, 13 *(makârânta uttamaḥ).*
18) A'çv. Çr. 7. 11. 15; 8. 3. 11.
19) Ait. Br. 6. 32. Gop. Br. 2. 6. 12. A'çv. Çr. 8. 3. 7, 8, 10, 12, 13.
20) Ait. Br. 6. 33. Gop. Br. 2. 6. 13. A'çv. Çr. 8. 3. 14—17.
21) A'çv. Çr. 8. 3. 18.
22) A'çv. Çr. 8. 3. 20.
23) A'çv. Çr. 8. 3. 22.

25. *„Dundubhim âhananâbhjâṃ* (AV. 20. 133. 1 b) *ǵaritar othâmo daiva“ „koçabile“* (2 b) *„raǵani granther dânam“* (3 b) *„upânahi pâdam“* (4 b) *„uttamâñǵanim âñǵanjâm“* (5 b) *„uttamâñǵanî nvartmanjât“* (6 b) *„alâbûni“* (20. 134. 1 b) *„pṛshâtakâni“* (2 b) *„açvatthapalâçam“* (3 b) *„pipilikâvaṭah“* (6 b) *„k'amasaḥ“* (5 b) *„vipruṭ“* (4 b) *„çvâ“* (135. 1 b) *„parṇaçadaḥ“* (2 b) *„goçapho* (3 b) *ǵaritar!“* sind (die Pratigara) für die vorhergenannten (Pravalhikâ und A'ǵiǵñâsenjâ) und die vorhergenannten (Pratirâdha).

26. (Darauf recitirt er) den Atîvâda: „Aus einander gingen die Götter hier...“ (AV. 20. 135. 4).

27. „Wenn die Gattin erblickt wird, o Sänger“ und *„hotâ vishṭîmena ǵaritar“* sind die beiden Pratigara (hierzu).

28. (Darauf recitirt er) den Devanîtha: „Die A'ditja, o Sänger...“ (AV. 20. 135. 6—10) nach der Weise des Aitaçapralâpa (§ 20).

29. *„Oṃ ha ǵaritar“* und *„Tathâ ha ǵaritar“* sind die beiden abwechselnd (für die einzelnen Pâda des Devanîtha zu verwendenden) Pratigara.

30. (Darauf recitirt er) die Bhûtek'k'had: „Du, o Indra, mögest Schutz verleihen...“ (AV. 20. 135. 11—13).

31. Die A'hanasjâ: „Wenn er dieser engspaltigen...“ (AV. 20. 136) nach der Weise des Vṛshâkapiliedes (§ 17).

32. Der Pratigara (für den Njûṅkha) ist (hier) der Vocal î, für den Ninarda: *„Kim ajam idam âho3 o o3 thâmo daiva.“*

33. (Darauf recitirt er) den Vers: „Des Dadhikrâvan gedachte ich...“ (AV. 20. 137. 3) halbverweise, die Pâvamânîverse: Die gepressten, süssesten...“ (AV. 20. 137. 4—6) und den Tṛk'a: „Es tauchte der Tropfen in den somareichen Strom...“ (AV. 20. 137. 7—9) pâdaweise.

34. Den letzten Vers dieses (Tṛk'a) verwendet er als Paridhânîjâ, oder auch den ständigen.

---

25) A'çv. Çr. 8. 3. 19, 21, 23. — S. die kritischen Noten zu der Stelle.

26) A'çv. Çr. 8. 3. 23. Zu §§ 21—26 Ait. Br. 6. 33. Gop. Br. 2. 6. 13.

27) Ich vermuthe in diesen beiden Citaten das in den Hftn. des AV. hinter 20. 135. 4 fehlende Stück. A'çv. Çr. 8. 3. 24, wo *patnî jijapsjate.*

28) Ait. Br. 6. 34, 35. Gop. Br. 2. 6. 14. A'çv. Çr. 8. 3. 25.

29) A'çv. Çr. 8. 3. 25.

30) Ait. Br. 6. 36. Gop. Br. 2. 6. 14. A'çv. Çr. 8. 3. 27.

31) Ait. Br. 6. 36. Gop. Br. 2. 6. 15. A'çv. Çr. 8. 3. 28, 29.

32) § 18. A'çv. Çr. 8. 3. 31.

33) Ait. Br. 6. 36. Gop. Br. 2. 6. 16. A'çv. Çr. 8. 3. 33.

34) A'çv. Çr. 8. 3. 34.

35. Einige lassen den Ǵagatîtṛk'a an Indra (AV. 20. 17. 1—3?) aus; andere (endigen erst) nach der Recitation des (§ 33 genannten Tṛk'a) an Indra und Bṛhaspati (AV. 20. 137. 7—9) und des abschliessenden Ǵagatîtṛk'a an Indra.

Capitel 33.

1. Beim Navarâtra geben die Abhiǵit-, Vishuvant- und Viçvaǵitfeiern in der Weise vor sich, wie der K'aturviṃça, das Uktha ausgenommen; nur die Abhiplavastotrija (legt der Hotar) alle, (wie für den K'aturviṃça Vait. 31. 17 vorgeschrieben wurde, ein).

2. „Zu dir hin, o Gewaltiger, giesse ich aus bei der Kelterung..." (AV. 20. 22. 1—3), „Empor zu dem gabenberühmten..." (AV. 20. 7. 1—3), „Man schirret an den falben, rothen, dahinwandelnden..." (AV. 20. 26. 4—6) sind die A'ǵjastotrija.

3. An den Svarasâman (dagegen): „Komm herbei; wir haben dir gepresst..." (AV. 20. 38. 1—3), „Dem Indra jubelten laut die Sänger..." (AV. 20. 38. 4—6), „Mit Indra vereint erscheinst du..." (AV. 20. 40. 1—3).

4. Das übrige (findet statt), wie vom zweiten Tage des Abhiplava an, nach Art einer dreitägigen Feier; nur gilt hier das Einlegen von fünf Versen.

5. Am Vishuvant sind beim Saurjapṛshṭha (sâman) die sechs Verse: „Es führen ihn empor, den G'âtavedas..." (AV. 13. 2. 16—21) der Stotrija.

6. „Es erhob sich das leuchtende Antlitz der Götter..." (AV. 13. 2. 35—37) ist der Pṛshṭhastotrija, der (nach der Version des RV. folgende Tṛk'a): „Das ist der Sonne Göttlichkeit, das ihre Grösse..." (RV. 1. 115. 4—6. AV. 20. 123) der Pṛshṭhaanurûpa. Oder (es sind hierfür zu verwenden) folgende zwei Stücke: „Fürwahr gross bist du, o Sonne..." (AV. 20. 58. 3, 4) und „Gleichsam bei der Sonne euch befindend..." (AV. 20. 58. 1, 2), oder „O Indra, Verstand bringe uns herbei... (AV. 20. 79) und „O Indra, den vorzüglichsten bringe uns herbei..." (AV. 20. 80), oder auch die beiden ständigen (Pṛshṭhastotrija und -anurûpa).

7. In der zweiten Hälfte (des Navarâtra recitirt der Brâhmaṇâk'k'haṃ-

---

35) Ait. Br. 6. 36. Gop. Br. 2. 6. 16.

1) Kâtj. Çr. 24. 3. 20. Vait. 31. 16—20. Der Navarâtra reicht also vom Abhiǵit bis zum Viçvaǵit, s. das Schema des Gavâmajana 31. 14 Anm. Cf. Schol. zu A'çv. Çr. 8. 7. 11.

5) Dem Saurjapṛshṭha entspricht am Viçvaǵit das Vairâǵapṛshṭha, s. § 9.

7) A'çv. Çr. 8. 6. 16, 17. Çâṅkh. Çr. 7. 23: *naudhasaṃ brâhmaṇâk'k'haṃsino rathantarapṛshṭhe, çjaitaṃ bṛhatpṛshṭhe.*

sin) nach dem Anurûpa die Naudhasajoni: „Ihn, den wunderthätigen, widerstandskräftigen..." (AV. 20. 9) und die Çjaitajoni: „Besinge den freigebigen..." (AV. 20. 51).

8. (Darauf) legt er nach Belieben folgende zwei Liederschlüsse ein: „Des Vaiçvânara Ebenbild ist oben der Himmel..." (AV. 8. 9. 6—26) und „Leuchtend, aufmerkend, gewaltig ist der schöngeflügelte..." (AV. 13. 2. 32—46).

9. Am Viçvagit ist beim Vairâgaprshtha(sâman) „Wenn dir, o Indra, hundert Himmel..." (AV. 20. 81) der Prshṭhastotrija, „Wenn ich, o Indra, über so viel als du..." (AV. 20. 82) der Prshṭhaanurûpa.

10. (Darauf recitirt der Brâhmaṇâk'k'haṃsin) die beiden (Pragâtha) im Brhatîmetrum, welche (§ 7) als Joni genannt wurden, und als dritte (Joni dazu): „O Indra, Verstand bringe uns herbei... (AV. 20. 79).

11. (Es folgt) das Lied: „O Indra, dreifachen Schutz..."(AV. 20. 83) als Sàmapragàtha.

12. (Dann) legt er das Sukîrti- und Vṛsbâkapilied, das Lied: „Welcher sogleich bei seiner Geburt einsichtsvoll..." (AV. 20. 34), ferner ein Sâman- und ein Ahînalied ein.

13. (Durch die bisher beschriebenen Feiern) ist (auch) der Daçarâtra erklärt.

14. An den Prshṭbja- und K'handomatagen (welche Theile desselben bilden) sind: O Indra, komm herbei, du hellleuchtender..." (AV. 20. 84), „Ihn, den Indra, treiben wir an..." (AV. 20. 137. 12—14), und „Der grosse Indra, der mit Macht..." (AV. 20. 138) die A'gjastotrija.

15. Die zwölf Verse: „Den schönes erschaffenden zum Beistand..." (AV. 20. 68), die zweiunddreissig: „Er sei uns gegenwärtig bei dem Werke..." (AV. 20. 69, 70), die sechsunddreissig: „Mit den selbst das feste zerbrechenden..." (AV. 20. 70, 71) legt (hier der Hotar) ein.

16. Die mit dem Tṛk'a: „Wir mit unserm Somatrank..." (AV. 20. 52) beginnenden und dem (in einen Tṛk'a zu verwandelnden) Dvṛk'a: „Fürwahr, gross bist du, o Sonne..." (AV. 20. 58. 3—4) endenden Tṛk'a sind (als) Prshṭhastotrija und -anurûpa (zu verwenden).

17. Bei den beiden späteren (Savana, dem Mâdhjandina und Tṛtîja), legt (der Hotar) ausserdem noch das achtversige Lied: „Herbei komme der wahrhafte, freigebige, voreilende..." (AV. 20. 77) ein.

---

9) A'çv. Çr. 8. 7. 3. Lâtj. Çr. 10. 13. 10.
13) A'çv. Çr. 8. 7. 17 fgg.
15) Es ist merkwürdig, aber durch die genannte Anzahl der Verse sicher gestellt, dass das Lied AV. 20. 70 hier zweimal zu recitiren ist.

18. Für die andern achtversigen Mahâstotralieder sind (am ersten K'handomatage) die sechs Verse: „Der einzig vertheilt..." (AV. 20. 63. 4—9) als Ukthastotrija und -anurûpa (zu verwenden).

19. Am zweiten (Tage sind) folgende für eintägige Feiern gültige (Lieder erforderlich): „O Adhvarjus, den röthlichen, entmelkten Soma..." (AV. 20. 87), „Der mit Macht die Enden der Erde feststellte..." (AV. 20. 88.), „Gleichwie ein Schütze, der sich duckend weithin schiesst..." (AV. 20. 89).

20. Am dritten die folgenden: „O Adhvarjus, den röthlichen..." (AV. 20. 87), „Der den Felsen spaltet, der erstgeborene heilige..." (AV. 20. 90), „Herbei möge Indra kommen, der unumschränkte Herrscher, sich zu berauschen..." (AV. 20. 94).

21. Von den beiden Liedern: „Der den Felsen spaltet..." (AV. 20. 90) und „Dieses siebentheilige Lied hat unser Vater..." (AV. 20. 91, ist) jedesmal eines zu Anfang des mittleren, (zweiten K'handomatages einzulegen), oder auch zum Schluss desselben.

22. Der zehnte Tag (des Daçarâtra) geht in der Weise vor sich, wie der vierte Pṛshṭhjatag, das Uktha ausgeschlossen.

23. „Erfreuen mögen dich..." (AV. 20. 93. 1—3) ist der A'ǵjastotrija.

24. „Es erheben sich die süssesten..." (AV. 20. 59. 1, 2) der Pṛshṭhastotrija, „Hervorragend ist sein..." (AV. 20. 59. 3, 4) der Pṛshṭhaanurûpa.

25. Nach den (an diesem Tage zu feiernden) Patnîsâṃjâǵa schreiten (die K'handogasänger), nachdem ihnen (von dem Adhvarju) ein Zeichen gegeben ist (als Aufforderung) zum stillen Stotra, nach dem Sadas.

26. Das ganze (Stotra) ist nur im Geiste (zu singen, aber) ohne Fehler.

27. (Der Brahman) fordert den Hotar auf mit der Formel: „Aufsteigen bist du, ein geistiges, dem Geiste (bestimme ich) dich; fördere den Geist!"

28. Und spricht darnach das Lied: „Heran schritt dieser Stier..." (AV. 6. 31).

29. Mit den Worten: „Stillstehen bist du, eigenes Stillstehen bist du!" fassen (die Priester) den Udumbaraast in der Mitte (des Sadas) an und setzen sich nieder.

---

18) Cf. *mahâstoma* Ait. Br. 6. 19.

25) A'çv. Çr. 8. 13. 1 cf. Schol. 3 cf. Schol. Lâṭj. Çr. 3. 8. 1.

28) A'çv. Çr. 8. 13. 6. Lâṭj. Çr. 3. 8. 1.

29) A'çv. Çr. 8. 13. 1, 22.

Capitel 34.

1. Wenn die Sterne sichtbar geworden sind, gehen (die Priester aus dem Sadas) heraus und sprechen leise den Vers:

„Verjaget ihr, o Indra und Parvata, als Vorkämpfer
„Einen jeden, welcher uns angreift; verjaget einen jeden mit dem Donnerkeil.
„Wenn er sich in der Ferne verborgen hält, so gefalle ihm das Versteck, das erreicht hat.
„Es durchbreche unsere Feinde ringsum, o Held, der Zerbrecher ringsum (RV. 1. 132. 6).

2. Darauf gehen sie auf dem Pfade des Adhvarju (dh. auf dem Wege, welcher zwischen den Havirdhânawagen und dem A'gnîdrîja hindurchführt), setzen sich südwestlich von dem Feuer nieder, wünschen sich ihre Wünsche und sprechen: „Was wir hier zu wenig oder zu viel thaten, das gehe zum Vater Pragâpati!"

3. (Darauf) laden sie stehend die Stimme (*vâk'*) ein mit den Worten: „Die Stimme komme, die Stimme komme heran, die Stimme komme heran zu mir, die Stimme!"

4. (Und recitiren) dazu die Subrahmaṇjâlitanei.

5. Derjenige, welcher (die letztere) nicht auswendig weiss, sagt (anstatt derselben) dreimal: „Subrahmaṇja om!"

6. Am Mahâvrata ist: „Den schönes erschaffenden zum Beistand..." (AV. 20. 57. 1—3) der A'ǵjastotrija.

7. Die Verse: „Die sich schwankend bewegenden, geschäftigen..." (AV. 20. 93. 4—8) legt (der Hotar) ein; dazu noch die Abhiplavastotrija am Mâdhjandina.

8. Die Hotraka (dh. der Hotar und seine Gehülfen) verfertigen sich Grassitze und setzen sich darauf.

9. Das Herumgehen der Krüge tragenden (Sclavinnen) um den Mârǵâlîja begleitet (der Hotar) mit den Versen:

„Schön duftende Kühe, nach Bdellion duftende Kühe,
„Kühe, die Mütter der Opferbutter, mögen sich hier mehren! Hier ist Süssigkeit.

---

1) A'çv. Çr. 8. 13. 23.
2) A'çv. Çr. 8. 13. 24—26.
3) A'çv. Çr. 8. 13. 27.
4. 5) A'çv. Çr. 8. 13. 28.
7) Vait. 31. 17, 21 fgg.
9) Kâtj. Çr. 13. 3. 19—23. Lâṭj. Çr. 4. 3. 18. Vgl. die krit. Anm. zum Texte.

„Nicht tranken die Kühe des Maṅgîra das Wasser der Gaṅgâ,
„Sie tranken aus dem Strom der Sarasvatî, stiegen hinein nach Osten. Hier ist Süssigkeit.
„So schwimmen wir nun — — — — — — —
„Dem Manne ergeht es wohl im Reiche des weitherrschenden Königs.

10. „Hier ist Süssigkeit, hier ist Süssigkeit!" (sprechen die herumgehenden Sclavinnen).

11. Die durch Ueberspannen eines Büffelfells in der Weiberhütte hergestellte Erdtrommel schlagen dieselben mit einem Schwanze und recitiren dazu die Lieder: „Die laut tönende..." (AV. 5. 20) und „Fülle mit Brausen..." (AV. 6. 126).

12. An den König oder einen andern (Kshatrija, der sich nun zum Behufe der Ausrüstung) auf einem Orte des Tîrthaweges (befinden soll, richtet der Brahman) das Lied: „Deine Glieder..." (AV. 7. 118).

13. Wenn derselbe gerüstet ist, spricht er darauf das Lied: „Indra soll siegen..." (AV. 6. 98) nach.

14. Dem Ausgerüsteten lässt er das Gastgericht aus gemischtem Honig *(madhuparka)* herbeibringen und ihn dasselbe durch einen Brâhmaṇa empfangen.

15. (Darauf) heisst er ihn den Wagen zu besteigen, welcher mit dem Verse: „O Pfosten, starkgliederig mögest du..." (AV. 6. 125. 4) besprochen ist.

16. Und spricht, wenn derselbe ihn bestiegen hat, darnach: „Es mögen sich erregen..." (AV. 3. 19. 6, 7).

17. Den vierten (hierzu gehörigen) Vers: „Losgeschossen enteile..." (AV. 3. 19. 8), wenn der Pfeil abgeschossen ist.

18. Wenn derselbe das Brâhmaṇageschenk empfängt, so kauft es ihm der Jaǵamâna ab.

19. „An den Trikadrukatagen hat der Gewaltige..." (AV. 20. 95. 1) ist der Stotrija, „Preiset ihm seine hervorragende..." (AV. 20. 95. 2) der Anurûpa.

---

10) Lâṭj. Çr. 4. 3. 18.

11) Kâtj. Cr. 13. 3. 14—17. Lâṭj. Çr. 4. 3. 19. A'çv. Gṛhj. 3. 12. 17. Kauç. 16: *uk'k'airgosha upaçvâsaje 'ti sarvavâditrâṇi prakshâlja tagaroçîreṇa saṃdhâvja saṃpâtavanti trir âhatja prajak'k'hati.*

12) Kâtj. Çr. 13. 3. 10, 11. Kauç. 16: *marmâṇi ta iti kshatrijaṃ saṃnâhajati.*

13) Kauç. 16: *indro ǵajâti 'ti râǵâ triḥ senâṃ parijâti.*

17) A'çv. Gṛhj. 3. 12. 18. — Um vier Verse aus dem Stück AV. 3. 19. 6—8 zu erhalten, müsste v. 6 in zwei zerlegt werden.

20. (Darauf) legt (der Hotar) die vierundzwanzig Verse: „Trinke von diesem starken, kräftigen..." (AV. 20. 96) ein.

21. Nun (nach Abschluss der Recitation) soll sich (der Jagamâna) beeilen mit der Feier des G'jotishṭoma, Agnishṭoma, A'tmanishkrajaṇa, Sahasradakshiṇa und Pṛshṭhaçamanîja.

Capitel 35.

1. Immer auf das Absingen des Stoma lässt (der Hotar) seine Recitationen folgen.

2. Er vermehre (beim Prâtaḥsavana) seine Recitation um einen oder zwei Verse über die Versanzahl des Stoma; jedoch nicht eher, als der zwölftheilige (Stoma) gesungen ist (?).

3. Dasselbe gilt auch bei dem Einlegen der Stotrija an den Shaḍaha (Abhiplava und Pṛshṭhja).

4. (Dagegen mag der Hotar seine Recitation) um eine unbeschränkte Anzahl (von Versen) bei den beiden späteren Savana (erhöhen).

5. Der Anurûpa muss (dem Stotrija) nach Metrum und Gottheit entsprechen.

6. Bei Unkenntniss (eines solchen Anurûpa recitire man) den Stotrija zweimal an den Ekâha.

7. Nach dem Anurûpa findet das Einlegen (von Versen) statt.

8. Die Pragâtha (recitire der Hotar) am Mâdhjandina.

9. Bei einer Jahresfeier ist ausserdem nach dem Anfangsvers *(ârambhaṇîjâ)* noch ein Anurûpa, wie er auf einen Stotrija folgt, erforderlich.

10. (Und zwar ist): „Den Indra rufen wir von allen Seiten..." (AV. 20. 39. 1) dieser Anfangsvers.

11. Die Verse: „Durch den Luftraum drang er..." (AV. 20. 39. 2—5) bilden den Parjâsa.

12. Am Mâdhjandina ist das Lied: „Was neues soll von den bittenden..." (AV. 20. 50) der das Wort 'Welcher' *(ka)* enthaltende Sâmapragâtha.

13. Der Vers: „Mit dem Spruche schirre ich dir die auf den Spruch sich schirrenden..." (AV. 20. 86. 1) der Anfangsvers.

14. Wir wollen nun die Stoma zum Recitiren der überzähligen Verse aufzählen.

---

20) Das Lied hat in der Vulgata nur dreiundzwanzig Verse.

21) Diese Feiern sind nicht alle miteinander zu vollziehen, sondern optionell. Kâtj. Çr. 13. 4. 5, 8, 9. Gop. Br. 1. 5. 8.

1) A'çv. Çr. 6. 5. 9.

2. 4) Ait. Br. 6. 8, 23. Gop. Br. 2. 6. 5.

5) Cf. Vait. 42. 10.

12) Vait. 27. 13. Gop. Br. 2. 6. 3.

15. Bei dem A'ǵja des Gotages ist ein dreiversiger (Stoma) erforderlich; ein fünfzehnversiger bei dem des A'justages; bei dem Pṛshṭha dieser beiden ein siebenzehnversiger.

16. Bei dem Ukthja (dh. dem A'ǵja desselben) ein einundzwanzigv., bei dem Pṛshṭha (desselben) ein drei-, fünfzehn-, siebenzehn-, einundzwanzig-, siebenundzwanzig- und dreiunddreissigversiger.

17. Bei dem A'ǵja des Abhiǵit und Viçvaǵit ein fünfzehn- und einundzwanzigv., bei dem Pṛshṭha (derselben) ein siebenundzwanzig- und dreiunddreissigversiger.

18. Bei den Svarasâman ein siebenzehnversiger.

19. Bei dem Vishuvant ein einundzwanzigversiger.

20. Bei den K'handoma ein vierundzwanzig-, vierundvierzig- und achtundvierzigversiger.

21. Bei dem A'ǵja und Pṛshṭha am zehnten (Tage des Dvâdaçâha) ein einundzwanzigversiger.

22. Beim Mahâvrata ein fünfundzwanzigversiger.

23. Ueberall folgen Stoma und Stotrija der Form nach (?) dem Texte des Sâmaveda.

---

15) Ueber *âǵja* und *pṛshṭha* s. Vait. 27. 15 Anm.

20. 21) Vait. 31. 25 Anm.

BUCH VII.

Capitel 36.

1. Es folgt die Beschreibung des Râǵasûja.
2. Vor dem Taishavollmondstag findet der Pavitra statt.
3. An den Tagen, welche in dem Zwischenraum (vom Taishavollmond bis zum Mâgha)monat liegen, finden die zehn Saṃsṛp-Ishṭi statt.
4. Nach dem Mâghavollmondstag der Abhishek'anîja.
5. Auf das Marutvatîja(çastra) folgt (hier) eine Ishṭi an Bṛhaspati.
6. Vor den Havirdhânawagen (breitet der Adhvarju) ein Tigerfell (aus).
7. Darauf heisst er (den Jaǵamâna) mit dem Liede: „Entstanden verleiht er den Geschöpfen..." (AV. 4. 8) den gepolsterten Rohrstuhl zu besteigen und salbt ihn.
8. Nach dem Phâlgunavollmondstag findet der Daçapeja statt.
9. Die K'âturmâsja dehnen sich (von diesem Vollmondstage an) über das ganze Jahr hin aus.
10. Wenn diese zum Abschluss gelangt sind, findet nach dem K'aitravollmondstag der Pratjavarohaṇîja statt.

---

1) Kâtj. Çr. 15. 1. 1. A'çv. Çr. 9. 3. 1.

2) Ein Somajâga nach der Grundform des Agnishṭoma mit vier Dîkshâtagen. Kâtj. Çr. 15. 1. 4. A'çv. Çr. 9. 3. 2.

3) Kâtj. 15. 8. 1. A'çv. Çr. 9. 3. 17; 4. 6. Zu *mâsântareshu* vgl. *parvântareshu* A'çv. Çr. 9. 3. 5.

4) A'çv. Çr. 9. 3. 7.

5. 6) Kâtj. Çr. 15. 5. 1.

7) Kâtj. Çr. 15. 5. 25, 30. Kauç. 17: *bhûto bhûteshu iti râǵânam abhishekjam .....darbheshu tishṭhantam abhishiñk'ati.* — *upabarhaṇa* halte ich hier für ein adj.

8) Kâtj. Çr. 15. 3. 49.

9) Kâtj. Çr. 15. 1. 17. A'çv. Çr. 2. 14. 2; 9. 3. 3, 7.

10) A'p. Çr. 18. 7: *pratjavarohed bṛhaspatisavena vâ pratjavarohaṇîjena jaǵeta, çvetak'k'hattrî 'ha bhavatî 'ti vijñâjate.*

11. Nach dem Vaiçâkhavollmondstag die Zweitagefeier der Vjushṭi.
12. Nach dem G'jaishṭhavollmondstag der Kshatradhṛti.
13. Nach dem A'shâḍhavollmondstag der Pavitra zum Abschluss.
14. Es folgt die Beschreibung des Açvamedha.
15. Nach dem Phâlgunavollmondstag giebt (der Jaǵamâna den Hauptpriestern), deren vierter der Udgâtar ist, (dh. ausser diesem noch dem Brahman, Hotar und Adhvarju) das für Brâhmaṇa vorgeschriebene Muss.
16. Wenn die Früh-A'huti geopfert ist, dem Brahman das, was er sich wünscht.
17. Es folgt eine Ishṭi an Agni und eine an Pûshan.
18. Mit dem Liede: „Sei windschnell..." (AV. 6. 92) begleitet (der Adhvarju) das Anbinden des Rosses.
19. Mit dem Verse: „Es band die Altersschwäche dich..." (AV. 3. 11. 8) das Losmachen desselben.
20. Mit dem A'çâpâlalied (AV. 1. 31) das Freilassen desselben auf ein Jahr.
21. Es folgen drei Ishṭi an Savitar.
22. Zum Behufe der Erzählung der Pâriplavalegende (von Seiten des Hotar) setzen sich (die Priester) südlich von der Vedi auf goldene Sitze.
23. Ein Kissenpolster gebührt dem Brahman, ein Grassitz dem Jaǵamâna.
24. Bei den (einzelnen, im Verlaufe eines ganzen Jahres in Cyklen von je zehn Tagen sich wiederholenden) Erzählungen (des Pâriplava) lässt (der Brahman den Jaǵamâna) für einen jeden Veda die Vjâhṛti hersagen.
25. Nach Verfluss des Jahres findet die Weihung statt; und zwar sind einundzwanzig Weihetage erforderlich.

---

11) Kâtj. Çr. 15. 9. 22. A'çv. Çr. 9. 3. 25. } Lâṭj. Çr. 8. 11. 11.
12) Kâtj. Çr. 15. 9. 24. A'çv. Çr. 9. 3. 27. }
15) Kâtj. Çr. 20. 1. 2, 4, 5. Lâṭj. Çr. 9. 9. 8.
16) Kâtj. Çr. 20. 1. 11, 20.
17) Kâtj. Çr. 20. 1. 22, 25. A'çv. Çr. 10. 6. 3, 5. Lâṭj. Çr. 9. 9. 9.
18) Kâtj. Çr. 20. 1. 28.
20) Kâtj. Çr. 20. 2. 11. Lâṭj. Çr. 9. 9. 4, 5.
21) A'çv. Çr. 10. 6, 7—9.
22) Kâtj. Çr. 20. 2. 18; 3. 1. A'çv. Çr. 10. 6. 10; 7. 1—9.
23) Kâtj. Çr. 20. 2. 19—22. Zu §§ 21—23 Lâṭj. Çr. 9. 9. 10, 11.
24) Dh. *om* für den Atharvan, *bhûs* für den Ṛk, *bhuvas* für den Jaǵur- und *svar* für den Sâma-Veda. Gop. Br. 1. 1. 16—20.
25) Kâtj. Çr. 20. 4. 15. A'çv. Çr. 10. 7. 11. Lâṭj. Çr. 9. 9. 15, 17.

26. Der erste Tag (des drei Sutjâtage umfassenden Açvamedha) ist dem ersten Tage des Abhiplava gleich, der zweite dem vierten des Pṛshṭhja.

27. Nach dem Bahishpavamâna(stotra des zweiten Tages) begleitet (der Adhvarju) das Anbinden des Rosses mit dem Verse:

„Es mögen dich die Gandharva, es mögen dich die Wasser fesseln
„Am Zusammenfluss der beiden Ströme für ein volles Jahr;
„Die dich immer unablässig behüten,
„Deren Leben nimm wahr als Savitar und hüte es!"

28. Kauçika schreibt (anstatt dessen) den Vers: „Der himmlische Gandharva..." (AV. 2. 2. 1) vor.

29. Die Mahishî (die erste Gemahlin des opfernden Königs) heissen sie (darauf) sich zu dem getödteten (Pferde) niederzulassen und bedecken (die beiden) zusammen mit einem Ueberwurf.

30. Gegen diese beiden fährt der Jaǵamâna mit folgendem Verse los:

„Ihr beide sollt euch mit der Himmelswelt verhüllen!
„Wir legten ihn auf deine Weichen; drücke den Hintern ein!
„Bringe den glatten heran, was ja die Lust der Weiber ist."
(cf. VS. 23. 20, 21)

31. Nach einer (ebensolchen) SchmähREDE von Seiten des Hotar (an die Mahishî fährt) nun auch der Brahman gegen die Vâvâtâ (die zweite Gemahlin des Königs) los mit folgendem Verse:

„Hebe sie in die Höhe, gleichwie jemand, der auf dem Berge eine Last trägt!
„Darauf soll ihr des Leibes Mitte gedeihen, wie jemand, der bei kühlem Winde (Korn) sichtet (VS. 23. 26).

32. Die Dienerinnen (der Königsfrauen) fahren nun auf den Brahman los mit dem Verse: „Hebe ihn in die Höhe..." (VS. 23. 27).

33. Es fragt nun im Sadas, nachdem das Räthselfragen *(brahmodja)* zwischen Hotar und Adhvarju stattgefunden, der Brahman den Udgâtar:

---

26) Vait. 31. 21—25; 32. 3.
27) Kâtj. Çr. 20. 5. 3. Lâṭj. Çr. 9. 9. 18.
29) A'çv. Çr. 10. 8. 8, 9. Kâtj. Çr. 20. 6. 15.
30) Kâtj. Çr. 20. 6. 16, 17.
31) A'çv. Çr. 10. 8. 10, 12. Lâṭj. Çr. 9. 10. 3.
32) A'çv. Çr. 10. 8. 13. Lâṭj. Çr. 9. 10. 4.
33) Kâtj. Çr. 20. 7. 11. A'çv. Çr. 10. 8. 14; 9. 1. Lâṭj. Çr. 9. 10. 8.

Capitel 37.

1. „Ich frage dich, damit ich es verstehe, o Götterfreund,
„Wenn du mit deiner Einsicht dahin gelangt bist:
„Was sind die drei Schritte, in denen der siegreiche Vishṇu
„Dies ganze All durchdrungen hat? (cf. VS. 23. 49)

2. Nach der Erwiderung und Gegenfrage desselben (VS. 23. 50, 51) spricht (der Brahman weiter):
„In die fünf (Lebenshauche: prâṇa, apâna, samâna, vjâna, udâna) ging die Seele ein;
„Diese sind gefestigt in der Seele.
„Das entgegne ich dir hier:
„Nicht bist du ein Opferhüter, höher als ich; (cf. VS. 23. 52)
„Nicht bist du besser, vorzüglicher, stehst mir nicht voran!
„Was also weiter? bescheide dich weise damit!
„Eine ganz lehrreiche Rede führst du da zwar;
„Aber mit mir darfst du dich nicht zusammenstellen."

3. Alle wenden sich, nachdem sie (aus dem Sadas) herausgeschritten, (nach einander) an den Jaǵamâna mit dem Verse: „Ich frage dich nach dem äussersten Ende der Erde..." (VS. 23. 61), und der Jaǵamâna erwidert den Vers: „Diese Vedi ist..." (VS. 23. 62).

4. An dem dritten (Sutjâtage des Açvamedha) finden die beiden (ersten) Savana wie beim K'aturviṃça statt.

5. Normal sind die A'ǵjastotrija und -anurûpa.

6. Das Tṛtîjasavana sammt dem, was darauf folgt, ist wie beim Atirâtra.

7. Nach Abschluss (des Açvamedha) ist ein gegabelter Opferpfosten zum Behufe der Anbindung von fünf Opferthieren erforderlich.

8. (Während des laufenden Jahres) sind in jeder Jahreszeit sechs Thieropfer und zwar (nach der Reihe) an Agni (im Frühling), an Indra (im

---

1) Kâtj. Çr. 20. 7. 11. A'çv. Çr. 10. 9. 2. Lâṭj. Çr. 9. 10. 9.

2) A'çv. Çr. 10. 9. 2. Lâṭj. Çr. 9. 10. 10—12. Diese ganze Unterredung ist insofern von Interesse, als aus derselben anschaulich hervorgeht, dass von den andern Hauptpriestern die hervorragende Stellung des Brahman bestritten wurde; vgl. Haug, Brahma und die Brahmanen, pag. 10.

3) A'çv. Çr. 10. 9. 2, 3. Lâṭj. Çr. 9. 10. 13, 14. Nach Kâtj. Çr. 20. 7. 14, 15 sind diese beiden Verse in gerade umgekehrter Weise zu verwenden.

4) Vait. 31. 16.

6) Kâtj. Çr. 20. 8. 12.

8) Kâtj. Çr. 20. 8. 30. Zu §§ 7. 8 Çâṅkh. Çr. 16. 9: *pañk'apaçur viçâkhajûpaḥ; saṃvatsaram ṛtupaçavaḥ; shaḷ âgnejâ vasanta, aindrâ grîshme,*

Sommer), an die Marut (in der Regenzeit), an Mitra-Varuṇa (im Herbst), an Indra-Varuṇa (in der Reifzeit) und an Agni-Vishṇu (im Winter) darzubringen.

9. Die Anzahl der an den gegabelten Opferpfosten anzubindenden und der in den einzelnen Jahreszeiten zu opfernden Thiere (dh. der in § 7 und 8 genannten) verdoppelt sich beim Purushamedha und vervierfacht sich beim Sarvamedha.

10. Der Purushamedha geht in der gleichen Weise vor sich, wie der Açvamedha.

11. Vor dem K'aitravollmondstag (ist der Purushamedha zu feiern); derselbe schliesst mit dem Auszahlen des Lohnes, dessen Gegenstände von dem Wunsch (der Priester) abhängen.

12. (Darzubringen sind) Ishṭi für Agni Kâma, Dâtar und Pathikṛt.

13. (Darauf) ruft (der Adhvarju?) dem Volke (des opfernden Fürsten) laut zu: „Die ganze Beute des Jaǵamâna komme zusammen!“

14. Der Jaǵamâna: „Wem soll ich die tausend (Kühe) mit den hundert Rossen als Eigenthum für seine Familie geben? Durch wen kann ich zum Ziel gelangen?“

15. Wenn (darauf hin) ein Brâhmaṇa oder Kshatrija kommt (um sich zum Verkaufe anzubieten), so verkündet er: „Das Opfer ist zu Stande gekommen!“

16. Kommt keiner, so besiege er seinen nächsten Feind und opfere mit diesem.

17. Dem (etwa sich meldenden Brâhmaṇa oder Kshatrija) gebe er die (§ 14) genannte Summe (als Kaufpreis) für seine Familie.

18. Wenn die Frau eines (der Anwesenden) sich in die Rede mischt, so nehme er das ganze Besitzthum desselben fort und rufe laut: „Diese Nicht-Brâhmaṇafrau will ich tödten!“

19. Das Freilassen des gebadeten und geschmückten (Opfermenschen) nun begleitet (der Adhvarju) mit den Liedern: „Tausendarmig ist der Mann...“ (AV. 19. 6) und „Durch den die Fersen...“ (AV. 10. 2).

---

mârutâḥ pârǵanjâ vâ varshâsu, maitrâvaruṇâḥ çaradi, bârhaspatjâ hemanta, aindrâvaishṇavâḥ çiçire.

12) Çâṅkh. Çr. 16. 10: *athâ 'gnaje kâmâja dâtre pathikṛta iti haviṃshj; agnir vai kâmo devânâm îçvaraḥ sarveshâm eva devânâṃ prîtjâ; agnir vai dâtâ, sa evâ 'smai jaǵñaṃ dadâtj; agnir vai pathikṛt, sa evai 'naṃ punar jaǵñapatham apipâthajati.*

14) Es handelt sich hier um den Kauf eines Menschen zum Purushamedha. Kâtj. Çr. 22. 1. 8. Lâtj. Çr. 8. 1. 28. Çâṅkh. Çr. 16. 10, 18: *brâhmaṇaṃ kshatrijaṃ vâ sahasreṇa çatâçvenâ 'vakrîja saṃvatsarâjo 'tsṛǵanti.*

20. Ein Jahr lang finden Ishṭi an die Pathjâ Svasti, Aditi und Anumati statt.
21. Am Ende des Jahres ein Thieropfer an Indra-Pûshan.
22. Das Mahâvrata ist der dritte (Tag des Purushamedha).
23. Das Anbinden (des § 21 genannten Thieres) an den Opferpfosten begleitet (der Adhvarju) mit den drei Versen: „Erheben mögen sich...“ (AV. 18. 1. 44—46); das Losbinden mit denselben und ausserdem mit den Utthâpanîversen.
24. Das Hinschaffen zum Schlachtplatz *(çâmitra)* mit den Hariṇîversen.
25. Mit den zwei Versen: „Biete ihm ein angenehmes Lager...“ (AV. 18. 2. 19, 20) das Fällen (des Thieres).
26. Mit dem Sahasrabâhulied (AV. 19. 6) und mit Liedern an Jama und Sarasvatî den erfolgten Tod.

Capitel 38.

1. Zum Zweck der Heilung richtet der Brahman bei der (36. 30—32 beschriebenen) Schmährede an den Jaǵamâna folgende Verse und Lieder: „Aus deinen Augen...“ (AV. 2. 33), „Ich löse dich...“ (AV. 1. 10. 4), „Ihr Götter...“ (AV. 4. 13), „Da ich in deinen... (AV. 6. 84), „Fort gehe von hier...“ (Citat unbekannt), „Der Wind wehe her...“ (RV. 10. 186).
2. Die Dienerinnen (der Fürstinnen sprechen) östlich (von ihm) den Vers: „Ein wohl trinkbarer Teich...“ (AV. 20. 128. 9).
3. Darauf ist die Verwendung des Verses: „Erhebe dich, Weib...“ (AV. 18. 3. 2) vorgeschrieben.
4. Alle (Priester recitiren darauf) den Spruch: „Den Verstand, der uns mit den Vätern zusammen...“
5. Nach dem (37. 1, 2 beschriebenen) Räthselfragen (zwischen Brahman und Udgâtar richtet der erstere) an den Udgâtar den Vers:

---

20) Çâṅkh. Çr. 16. 10: *anumataje pathjâjai svastaje 'ditaja iti saṃvatsaraṃ havîṃshi, sâvitrair viparjâsaṃ, pâriplavîjair nârâçaṃsânj; anumatjâ 'numato 'nena jaǵñena jaǵâ iti; vâg vai pathjâ svastiḥ, svastjajanam eva tad jaǵñe jaǵamânâja karoti; 'jaṃ vâ aditiḥ, pratishṭhâ vâ aditir, asjâṃ evai 'naṃ tad adînâjâm antataḥ pratishṭhâpajati.*

23. 24) Kauç. 82, 83: *utthâpanîbhir utthâpja hariṇîbhir harejuḥ.* Es ist nicht klar, welche Versklassen in der Saṃhitâ darunter zu verstehen sind.

25) Kauç. 81: *sjonâ 'smai bhave 'tj uttarato 'gneḥ çarîraṃ nidadhâti.*

26) Kauç. 83: *jâmasârasvatahomân hutvâ...*

1) Der Vers '*ape 'ta etu*' steht vollständig Kauç. 97: *ape 'ta etu nirṛtir nehâsjâ apa kiṃk'ana | apâ 'sjâḥ satvanaḥ pâçân mṛtjûn ekaçataṃ nude ||*

4) Der Spruch steht vollständig Kauç. 88; s. Vait. 20. 9 Anm.

„Die Rinder frassen begierig das Gras und sorglos,
„Ich sah sie sammt ihrem Hirten wandeln,
„Auf den Anruf kamen sie freudig ringsum heran;
„Wie sehr mag über sie der Herr sich freuen!“ (RV. 10. 27. 8)

6. Und bei der Erwiderung (des Udgâtar, wohl RV. 10.27. 9,10) den Vers:

„Dessen Tochter von jeher blind war,
„Welcher kluge wird nach ihr, der blinden verlangen?
„Wer wird gegen den die Waffe richten,
„Der sie heirathet oder der um sie wirbt?“ (RV. 10. 27. 11)

7. Der vierte (Tag des Purushamedha) ist der vierte des Pṛshṭhja, der fünfte ein Atirâtra.

8. Wenn als mittlerer (dritter) Tag (ein Atirâtra) eintritt, so ist (am ersten und fünften Tage) ein Agnishṭoma, (am zweiten und vierten) ein Ukthja zu feiern.

9. An dem letzten Tage, an welchem zugleich für den Açvamedha (der Opferlohn gezahlt wird, sind zu geben) zweierlei Diener für die Priester und deren Frauen.

10. Der Sarvamedha enthält zwei Tage des Açvamedha und drei des Purushamedha; derselbe geht in gleicher Weise vor sich, wie der Purushamedha.

11. Die Tage desselben sind der Agnishṭut, Indrastut, Sûrjastut, Vaiçvadevastut, der dritte und fünfte des Purushamedha, ein Vâǵapeja und ein Aptorjâman.

12. In diesem (Sarvamedha) gewinnen (die Jaǵamâna) alle Opfer.

13. Der zehnte Tag (desselben) ist ein auf den Viçvaǵit fallender Atirâtra (identisch mit dem fünften Purushamedhatag nach § 7), wie er bei dem Abschluss des Pṛshṭhja zu feiern ist.

---

8) Kâtj. Çr. 21. 1. 3.

11) Kâtj. Çr. 21. 2. 2, 4, 9, 10. Die zehn Tage des Sarvamedha erhält man durch Addition der in § 10 genannten zwei Tage (und zwar des ersten und zweiten) des Açvamedha; der vierte Tag des Purushamedha ist, wie aus Vait. 36. 26 und 38. 7 hervorgeht, mit dem zweiten Tage des Açvamedha identisch und so erklärt sich der Ausdruck '*trjahaḥ purushamedhasja*' (sc. dritter, vierter und fünfter Tag) in § 10.

12) Der Schol. zu Kâtj. Çr. 21. 2. 4 erklärt '*sarvam asminn âlabhate*' seines Textes irrthümlich mit dem letztgenannten Aptorjâmatag, während die Beziehung auf den ganzen Sarvamedha evident ist.

13) Dh. ein Atirâtra, der die Eigenschaften des *sarvastoma* und *sarvapṛshṭha* in sich vereinigt. Kâtj. Çr. 21. 2. 12; 24. 1. 14. Zu §§ 11—13 Çat. Br. 13. 7. 1. 2—12.

14. Am Ende des Jahres werfe (der Jaǵamâna) das untere Reibholz in das Gârhapatja-, das obere in das A'havanîjafeuer, bringe das Feuer unter Verwendung des Verses: „Dies ist deine Geburtsstätte..." (AV. 3. 20. 1) mit seiner Person in Berührung (durch Erwärmen der Hände) und gehe darauf in den Wald.

15. Das war die Beschreibung der Opfer des Kshatrija (dh. Râǵasûja, Açva-, Purusha- und Sarvamedha).

---

14) Vait. 24. 24 nebst Anm. Çat. Çr. 13. 6. 2. 20 und Comm. des Harisvâmin dazu.

BUCH VIII.

Capitel 39.

1. Es folgt die Beschreibung der Abänderungen, welche die Stotrija erleiden.

2. An den Ekâha ist: „Diesen deinen Rausch preisen wir ...“ (AV. 20. 61. 1—3, der normale Stotrija).

3. Beim Bṛhaspatisava sind die Lieder: „Das besinge beim Somatrank ...“ (AV. 20. 78) und „Wir haben gestern ihn ...“ (AV. 20. 97) bei den beiden (dem ersten und dritten) Savana der das Uktha beginnende Tṛk'a und der Parjâsa; beim Mâdhjandina fällt der Parjâsa und dieser Anfangstṛk'a fort(?).

4. Beim Gosava und Abhishek'anîja tritt: „Man schirret an den falben, rothen ...“ (AV. 20. 26. 4—6, als Stotrija) ein.

5. Beim Çjena, Saṃdaṃça, Aǵira und Vaǵra: „Den schönes erschaffenden zum Beistand ...“ (AV. 20. 57. 1—3), „Erfreuen mögen dich die Gesänge ...“ (AV. 20. 93. 1—3), „Dich rufen wir ...“ (AV. 20. 98).

6. Beim Apûrva: „Hin zu dir zum Vortrank ...“ (AV. 20. 99).

7. Bei den Vrâtjastoma: „Kommet heran und setzt euch ...“ (AV. 20. 68. 11, 12) und „Nun, o Indra, Liederfreund ...“ (AV. 20. 100).

8. Bei den Agnishṭut: „Der anzuflehende verehrungswerthe ...“ (AV. 20. 102), „Agni wählen wir zum Boten ...“ (AV. 20. 101), „Agni flehe an um Beistand ...“ (AV. 20. 103), „Agni, komme heran mit den Agni ...“ (AV. 20. 103. 2, 3).

9. Beim Tîvrasut, Upaçada und Upahavja: „Dieser ist dein; du besuchst ihn ...“ (AV. 20. 45) und „Es sollen dich, o schätzereicher, diese ...“ (AV. 20. 104. 1, 2). Dieselben Tṛk'a gelten auch für die Zweitagefeier der Vjushṭi.

10. Beim Gosava, Vivadha und Vaiçjastoma: „Den Indra rufen wir von

---

3) Die im folgenden genannten Ekâha sind, mit Ausnahme von *apûrva* § 6 und *pratîk'înastoma* § 11, im PW. zu finden; merkwürdig ist die mehrfache Nennung von *vaǵra, upaçada, tîvrasut* u. a.

allen Seiten..." (AV. 20. 39. 1—3) und „Uns möge er, der anzurufen in allen..." (AV. 20. 104. 3, 4).

11. Beim Pratîk'înastoma: „Du, o Indra, bist in deinen Anläufen..." (AV. 20. 105. 1—3).

12. Beim Râǵ: „Der der König der Menschen..." (AV. 20. 105. 4, 5).

13. Beim Udbhid und Balabhid: „Das Opfer kräftigte Indra..." (AV. 20. 27. 5, 6).

14. Beim Indrastoma: „O Indra, Verstand bringe uns herbei..." (AV. 20. 79) und „Dein ist diese grosse Indrakraft..." (AV. 20. 106).

15. Beim Vighana: „Es beugen seinem Grimme sich die Völker..." (AV. 20. 107. 1—3) und „Das war im All das beste..." (AV. 20. 107. 4—6).

16. Beim Sûrjastut: „Es führen ihn empor, den G'âtavedas..." (AV. 13. 2. 16—18) und „Leuchtend hat der Götter Wahrzeichen und Erscheinung..." (AV. 13. 2. 34—36).

17. Beim Vaǵra und Punaḥstoma: „Du, o Indra, bringe uns herbei..." (AV. 20. 108).

18. Beim Sarvaǵit, Ṛshabha, Marutstoma und Sâhasrântja (wörtlich 'wobei zum Schluss ein tausendfacher Opferlohn zu geben ist'): „Das besinge beim Somatrank..." (AV. 20. 78) und „Wir haben gestern ihn..." (AV. 20. 97).

19. Bei den beiden Sâhasrâdja: „So trinke nun von dem süssen, in der Mitte befindlichen..." (AV. 20. 109).

Capitel 40.

1. Beim Virâǵ, Bhûmistoma, Vanaspatisava, Tvishi, Apak'iti, Indrâgnjoḥstoma und Indrâgnjoḥkulâja: „Dem sich berauschenden Indra sollen den Trank..." (AV. 20. 110) und „Wenn du den Soma, o Indra, beim Vishṇu..." (AV. 20. 111).

2. Beim Virâǵa, Agnehstoma und Agneḥkulâja: „Agni wählen wir zum Boten..." (AV. 20. 101) und „Agni flehe an um Beistand..." (AV. 20. 103).

3. Beim Vinutti und Abhibhûti, Râçi und Marâja, Çada und Upaçada, Samrâǵ und Svarâǵ: „Ueber alles was auch immer, o Feindetödter..." (AV. 20. 112) und „Es höre unser beiderseitiges..." (AV. 20. 113).

---

18. 19) Es muss dahingestellt bleiben, ob *sâhasrântja* (auch 40. 5) und *sâhasrâdja* zwei wirklich neue Ekâha oder nur Modificationen vorher genannter bezeichen.

1) Von den in diesem Capitel aufgezählten Ekâha fehlen im PW. *trishi*, *apak'iti* (auch A'çv. Çr. 9. 8. 21), *indrâgnjoḥstoma* § 1; *virâǵa* (cf. Gop. Br. 2. 3. 20), *agneḥstoma, agneḥkulâja* § 2; *vibhramçajaǵña* § 5.

4. An den Râǵasûjatagen: „Wenn du den Soma, o Indra, beim Vishṇu…" (AV. 20. 111), „Nun, o Indra, Liederfreund…" (AV. 20. 100), „Ohne Nebenbuhler bist du ja…" (AV. 20. 114), „Du, o Indra, bringe uns herbei…" (AV. 20. 108). Dieselben Tṛk'a gelten für die mehrtägigen Feiern des K'aturaha und Pañk'âha, für den Daçâha und K'handomadaçâha.

5. Beim Tîvrasut und den beiden Sâhasrântja mit den vier (Stoma)reihen, bei dem Daçapeja und Vibhraṃçajaǵña: „Gleichsam bei der Sonne euch befindend…" (AV. 20. 58).

6. Bei den Sâdjaḥkra mit Ausnahme des Çjena der gleiche Tṛk'a und dazu: „Ich habe ja vom Vater her…" (AV. 20. 115).

7. Bei den beiden Sarvastoma der Atirâtra: „Nicht seien wir wie fremde…" (AV. 20. 116) und „Der einsam hinläuft auf des Wassers Rücken…" (AV. 9. 10. 9—12).

8. Beim Trivṛt, Pañk'adaça, Saptadaça, Ekaviṃça, Triṇava, Trajastriṃça und Navasaptadaça: „Es höre unser beiderseitiges…" (AV. 20. 113), „Wir haben gestern ihn…" (AV. 20. 97), „Trinke den Soma, o Indra; er berausche dich…" (AV. 20. 117).

9. Beim Abhiǵit ausser den (§ 8 genannten Tṛk'a) noch: „Dem Rinderherrn jubele zu mit dem Liede…" (AV. 20. 22. 4—6).

10. Wenn (am Abhiǵit) kein Atirâtra gefeiert wird…", (anstatt dessen): „Zu dir hin, o gewaltiger, giesse ich aus bei der Kelterung…" (AV. 20. 22. 1—3).

11. Beim K'aturviṃça: „O Indra, komm herbei, du hellleuchtender…" (AV. 20. 84) und „Nichts anderes saget her…" (AV. 20. 85).

12. Beim Viçvaǵit: „Der einzig vertheilt…" (AV. 20. 63. 4—6).

13. Beim Vishuvant: „O Indra, Verstand bringe uns herbei…" (AV. 20. 79).

14. Bei den Svarasâman, dem Go und A'jus des Abhiplava, sowie für alle übrigen (Stotra) des Pṛshṭha und den Ekaviṃça: „Indra hat mit des Dadhjañk' Knochen…" (AV. 20. 41), „Den Helden, der allen Feindesheeren überlegen ist…" (AV. 20. 54), „Heldenhaft bist du ja…" (AV. 20. 60).

Capitel 41.

1. (An dem ersten Tage) der Zweitagefeiern der Vjushṭi, des A'ṅgirasa, Kâpivana und K'aitraratha: „Diesen deinen Rausch preisen wir…"

---

5) Lâṭj. Çr. 6. 8. 1fgg.

6) Kâtj. Çr. 22. 3. 24 Schol. Lâṭj. Çr. 8. 3. 1, 2.

1) *âṅgirasa*, auch Kâtj. Çr. 23. 2. 3. A'çv. Çr. 10. 2. 1, ist als Dvjaha nicht im PW. belegt.

(AV. 20. 61. 1—3); jedesmal an dem zweiten (Tage): „Den Helden, der allen Feindesheeren überlegen ist..." (AV. 20. 54).

2. (An dem ersten Tage) der Dreitagefeiern des Vaiçvadeva, (des ersten Parvan) der K'âturmâsja, des Garga, Vaida, des nach der Weise der K'handoma vor sich gehenden Parâka, des Antarvasu und Açvamedha: „Hilf wohl, o Herr der Hülfe..." (AV. 20. 118. 1, 2).

3. (An dem ersten Tage) des (dreitägigen) Sâkamedha: „Den Indra rufen wir zum Gottesdienst..." (AV. 20. 118. 3, 4).

4. Des Vaida und der Svarasâman: „Du, o Indra, bringe uns herbei..." (AV. 20. 108).

5. Jedesmal an dem zweiten (Tage der in §§ 2—4 genannten Trjaha mit Ausschluss des Açvamedha): „Ihn, den Indra treiben wir an..." (AV. 20. 47. 1—3), „Gesungen ist das vorzüglichste Lied..." (AV. 20. 119), „Diesen deinen Rausch preisen wir..." (AV. 20. 61. 1—3).

6. (An dem zweiten Tage) des Açvamedha: „Einen achttheiligen Spruch habe ich..." (AV. 20. 42) und „So trinke nun von dem süssen, in der Mitte befindlichen..." (AV. 20. 109).

7. Des Pṛshṭhjatrjaha: „Heldenhaft bist du ja..." (AV. 20. 60. 1—3), und zwar beim Uktha.

8. Jedesmal an dem dritten (Tage dieser Trjaha mit Ausschluss des Sâkamedha): „Der grosse Indra, der mit Macht..." (AV. 20. 138), „Besinge den freigebigen..." (AV. 20. 51. 1, 2), „Heldenhaft bist du ja..." (AV. 20. 60. 1—3).

9. (An dem dritten Tage) des Sâkamedha: „Ihn, den Indra treiben wir an..." (AV. 20. 47. 1—3) und „Gleichsam bei der Sonne euch befindend..." (AV. 20. 58. 1, 2).

10. Für die Viertagefeiern (mit Ausnahme des Saṃsarpa und K'aturvîra, an den ersten drei Tagen): „Gleichsam bei der Sonne euch befindend..." (AV. 20. 58. 1, 2) und „Du, o Indra, bringe uns herbei..." (AV. 20. 108).

11. Jedesmal an dem vierten (Tage derselben): „Der grosse Indra, der mit Macht..." (AV. 20. 138) und „Der einzig vertheilt..." (AV. 20. 63. 4—6).

12. An allen (Tagen): „Nicht seien wir wie fremde..." (AV. 20. 116) und „Der einsam hinläuft auf des Wassers Rücken..." (AV 9. 10. 9—11).

13. Beim Saṃsarpa und K'aturvîra: „Dieser ist dein; du besuchst ihn..." (AV. 20. 45) und „Es sollen dich, o schätzereicher, diese..." (AV. 20. 104. 1, 2).

---

2) Dieser *k'handomavatparâka* heisst bei A'çv. Çr. 10. 2. 13 *k'handomaparâka*, wie ich glaube, dass im Gegensatz zu dem Scholiasten, welcher *parâkak'handomaḥ parâkaçk'a* trennt, abzutheilen ist.

14. An den Fünftagefeiern (sind dieselben Tṛk'a als Stotrija zu verwenden), wie beim Trivṛt usw.

15. Am zweiten (Tage) des Abhjâsaṅgja und Pañk'açâradîja: „Du, o Indra, bringe uns herbei..." (AV. 20. 108).

16. (Am zweiten Tage) des Pṛshṭhjapañk'âha: „Heldenhaft bist du ja..." (AV. 20. 60. 1—3).

17. Am fünften (Tage der bisher genannten Pañk'âha mit Ausschluss des Abhjâsaṅgja und Pañk'açâradîja): „Dich mit Kraft erhebend..." (AV. 20 42. 3; 43. 1—2), „Indra ergötzte sich zum Rausche..." (AV. 20. 56. 1—3), „Dem Indra singet das Lied..." (AV. 20. 62. 5—7).

18. (Am fünften Tage) des Abhiplavapañk'âha: „Der einzig vertheilt..." (AV. 20. 63. 4—7).

19. Des Abhjâsaṅgja und Pañk'açâradîja noch ausser diesem Tṛk'a: „Gleichsam bei der Sonne euch befindend..." (AV. 20. 58. 1, 2).

20. An dem Gotage des sechstägigen (Pṛshṭhja): „Ohne Nebenbuhler bist du ja..." (AV. 20. 114), am A'justage: „Du, o Indra, bringe uns herbei..." (AV. 20. 108).

21. Am fünften (Tage): „O Indra, komme her zu uns als Freund..." (AV. 20. 64).

22. Wenn der sechste ein Ukthja ist, „Der einzig vertheilt..." (AV. 20. 63. 4—7) und „Wenn du den Soma, o Indra, beim Vishṇu..." (AV. 20. 111).

Capitel 42.

1. Am zweiten (Tage) des Pṛshṭhja: „Heldenhaft bist du ja..." (AV. 20. 60. 1—3).

2. Am dritten: „Mit Indra zusammen erscheinst du..." (AV. 20. 40), „Wir mit unserm Somatrank..." (AV. 20. 52), „Du, o Indra, bringe uns herbei..." (AV. 20. 108).

3. Am achten (Tage) des Daçâha: „Wenn du, o Indra, im Osten, Westen, Norden..." (AV. 20. 120).

4. Am neunten: „Kommt herbei, den Indra wollen wir besingen..." (RV. 8. 70. 4—6).

---

14) Vait. 40. 8.

15) Den Pañk'âha Abhjâsaṅgja habe ich, ausser Pañk'. Br. 22. 4. 6, noch vorgefunden in Tâlavṛntanivâsin's Prajogavṛtti zu Kapardisvâmin's A'pastamba-Commentar, India Off. Libr. 1127 fol. 84b: *abhjâsaṅgjo dvitîjaḥ* (sc. *pañk'âhaḥ*), *abhjâsaṅgjena pañk'arâtreṇa jakshje sarvakâmârtham* usw.

20) Vait 40. 14. — Der Shaḍaha im ausgezeichneten Sinne ist der Pṛshṭhja; so auch 32. 1.

5. An den neun (Tagen) des zehntägigen Trikakud — ausgeschlossen ist der achte —: „Hilf wohl, o Herr der Hülfe…" (AV. 20. 118. 1, 2), „Dem Rinderherren jubele zu mit dem Liede…" (AV. 20. 22. 4—6), „Ihn, den wunderthätigen, widerstandskräftigen…" (AV. 20. 9. 1, 2), „Wir haben gestern ihn…" (AV. 20. 97), „Dem Indra jubelten laut die Sänger…" (AV. 20. 38. 4—6), „Gleichsam bei der Sonne euch befindend…" (AV. 20. 58. 1, 2), „Wer kennt ihn beim Somatrank…" (AV. 20. 53), „Ihn, den Helden, der allen Feindesheeren überlegen ist…" (AV. 20. 54), „Wenn du, o Indra, im Osten, Westen, Norden…" (AV. 20. 120).

6. Am achten (Tage): „Der grosse Indra, der mit Macht…" (AV. 20. 138).

7. Am ersten und letzten K'handomatage des Dvâdaçâha: „Du, o Indra, bringe uns herbei…" (AV. 20. 108) und „Der einzig vertheilt…" (AV. 20. 63. 4—6).

8. Bei den Svarasâman abwechselnd: „Schaffe schnell hierher glänzenden…" (AV. 20. 71. 11—13) und „Ihn, der zum bessern hinführt…" (AV. 20. 46). Dieselben Tṛk'a gelten auch für den Abhiplava.

9. Beim Tanûpṛshṭha: „Dir, o Held, jubeln wir zu…" (AV. 20. 121), „Dich rufen wir…" (AV. 20. 98), „Wenn dir, o Indra, hundert Himmel…" (AV. 20. 81), „Trinke den Soma, o Indra, er berausche dich…" (AV. 20. 117), „Mit welchem Beistand wird der strahlende hier sein…" (AV. 20. 124. 1—3), „Prangende seien an unserm Fest…" (AV. 20. 122).

10. Auf (alle) diese (Stotrija) folgt unmittelbar ein Anurûpa, womöglich dem Metrum nach auf das des (correspondirenden) Stotrija beschränkt.

11. Durch das Gavâmajana (Vait. 31. 6 — Cap. 34 incl.) sind die über ein Jahr sich erstreckenden (Sattra) erklärt.

12. Ebenso sind aus demselben die Ahîna, die Râtrisattra und auch einige Ekâha bekannt.

13. Ueberall (darf man) beliebige Anordnungen (über Stotra) aus dem Sâmaveda (treffen).

14. Die Ahîna sind Feste von zwei Tagen an bis zur Zwölftagefeier, welche entweder mit einem Atirâtra beginnt oder schliesst.

15. Die Râtrisattra beginnen mit einer Zwölftagefeier und dehnen sich bis zu einem Jahre aus.

16. Der Daçarâtra beginnt und endet mit einem Atirâtra.

17. Der Dvâdaçâha ist ein Ahîna, der mit einem Agnishṭoma anfängt.

---

8) Vait 40. 14.

10) Cf. Vait. 35. 5.

14) Kâtj. Çr. 24. 1. 12 Schol.

15) Kâtj. Çr. 24. 1. 1. Zu §§ 14. 15 A'p. Par. 139.

18. Periodische Feste, bis zu tausend Jahren umfassend, opfere man durch den Viçvaǵit, welcher tausend Jahre sinnbildlich darstellt.

Capitel 43.

1. Das Agnjâdheja (ist vorgeschrieben) im Frühling für einen Brâhmaṇa, der geistlichen Vorrang wünscht; im Sommer für einen Râǵanja, der Macht wünscht; in der Regenzeit für einen Vaiçja, der Wohlstand wünscht. Im Herbst (ist dasselbe) für alle Kasten (zulässig).

2. Nach einigen schliesst dasselbe zum Behufe der Vertreibung von Krankheiten mit einer Volllöffelâhuti.

3. Nach Juvan Kauçika gilt dies (nur) für diejenigen, welche das Agnihotra periodisch (mit Uebergehung anderer Opfer) feiern.

4. Für diese (ist) beim A'grajaṇa (das Geniessen) neuer (Frucht angeordnet).

5. (Man opfere) das Agnihotra mit einer Topfspeise oder mit Reisbrühe.

6. Wenn (diese beiden Stoffe) nicht zur Hand sind, so gebe man der Gavîḍâkuh neue Frucht zu essen und (opfere dann) mit der Milch derselben für Jemanden, der Schönheit wünscht.

7. Unbedingt erforderlich ist das Hellbleiben der Feuer.

	gilt für einen, der	zu erlangen wünscht.
8. Das (normale) Agnihotra	die himmlische Welt	
9. Mit (frischer) Milch (geopfert)	alles	
10. Mit saurer Milch (geopfert)	körperliche Kraft	
11. Mit Schmalz	Macht	
12. Mit Sesamöl	Schönheit	
13. Mit Muss	Kinder	
14. Mit Reisbrühe	den Besitz eines Dorfes	
15. Mit Reiskörnern	Kraft	
16. Mit Soma	geistlichen Vorrang	
17. Mit Fleisch	Wohlstand	
18. Mit Wasser	langes Leben	
19. Das Darçapûrṇamâsaopfer	alles	
20. Das Dâkshâjaṇaopfer	Kinder	
21. Das Sâkamprasthâjjaopfer	Vieh	
22. Das Saṅkramaopfer	alles	

---

18) Gop. Br. 1. 5. 10.

1) Vait. 5. 2.

3) Kâtj. Çr. 4. 6. 11.

4) Kâtj. Çr. 4. 6. 11. Ait. Br. 7. 9. Gop. Br. 2. 1. 17.

6) Kâtj. Çr. 4. 6. 12.

8—18) Kâtj. Çr. 4. 15. 21—26. A'p. Çr. 6. 15: *pajasâ paçukâmasja ǵuhu-*

23. Der Iḍâdadha	gilt f. einen, d.	Vieh	z. erl. wünscht.
24. Das Sârvasenaopfer		Kinder	
25. Das Çaunakaopfer		die Zauberkunst	
26. Das Vasishṭhaopfer		Kinder	
27. Das Djâvâpṛthivjorajana		einen festen Standpunkt	

28. Diese (von §§ 21—27 genannten Opfer) sind die periodischen Formen des Darçapûrṇamâsaopfers.

29. Das A'grajaṇa	gilt (gelten) f. einen, der	Nahrung	zu erlangen wünscht.
30. Die K'âturmâsja		alles	
31. Das Thieropfer an Indra-Agni		langes Leben, Kinder u. Vieh	
32. (Die Opferung) eines papageigelben oder auch weissen (Stieres) an Jama,		Gesundheit und für einen, der die Welt der Väter	
33. Eines stutenähnlichen Hengstes an Tvashṭar		Kinder	

34. Diese beiden (letzten Opfer) sind beliebig.

35. Die Sutjâtage	gelten, (gilt) für einen, der	alles	zu erlangen wünscht.
36. Der Ukthja		Vieh	
37. Der Vâǵapeja		unumschränkte Herrschaft	
38. Der Atirâtra		Wohlfahrt	

39. Das Gavâmajana ist dem Dvâdaçâha (gleichwerthig).

40. Der Râǵasûja	gilt für einen, der	unumschränkte Herrschaft	zu erlangen wünscht.
41. Der Açvamedha und Purushamedha		alles	
42. Der Sarvamedha		Vorrang	

43. Wenn die Wünsche endlos sind, haben in Folge dessen auch die Opfer keine Beschränkung.

44. Diese sind in ihren Grundformen erklärt.

45. Die rituelle Reihenfolge derselben ist (schon) aus dem Brâhmaṇa be-

---

jâd, dadhne 'ndrijakâmasja, javâgrâ grâmakâmasjau, 'danenâ 'nnâdjakâmasja, taṇḍulair ojaskâmasja, balakâmasje 'tj eke, mâṃsena jaçaskâmasja, somena brahmavark'asakâmasjâ, 'jjena tejaskâmasja.

25) *çaunakajajña* noch Çâṅkh. Çr. 3. 10. Zu §§ 23—26 A'p. Çr. 3. 17: *saṃtishṭhate dâkshâjaṇajajña, etene 'ḍâdadhaḥ sârvasenijajño vasishṭhajajñaḥ çaunakajajñaç k'a vjâkhjâtâḥ.*

32. 33) Gop. Br. 2. 2. 1, wo der Text, wie die Hftn. des Vait. Verderbnisse aufweist. Maitrâjaṇîçâkhâpratîkâni 3. 5: *çaṇṭho vâ bharati çukahariḥ* (Ind. Stud. 13. 122).

45) Kâtj. Çr. 25. 14. 36.

kannt, und ebenso die Art und Weise, wie etwas, das man versehen hat, wieder in Ordnung zu bringen ist.

46. Wer diese beiden Kalpabücher (das Gopatha Brâhmaṇa und das Vaitâna Sûtra) liesst und wer sie dazu auch versteht, von dem wird mit allen Opferhandlungen geopfert und der erreicht alle seine Wünsche.

47. Dazu citirt man auch:

„Wie dem Opferer, so dem Leser ist diese für Brâhmaṇa gültige Zusage gegeben.“

Verbesserungen.

Seite	5	Zeile	2	v. u.	lies *pañk'adaça* vor *sâmidhenîr.*
„	8	„	5	v. u.	tilge das Komma hinter *tvâ.*
„	9	„	2	v. u.	lies *amutrâ* anstatt *'mutrâ.*
„	10	„	13	v. u.	lies *ǵigîvâṃsaṃ* anstatt *ǵigivâṃsaṃ.*

Druck von Gebr. Unger (Th. Grimm) in Berlin, Schönebergerstr. 17a.